100円グッズで授業づくり

かかわる&学ぶ！

小学校

土田 雄一 編著

図書文化

まえがき

　本書は，『100円グッズで学級づくり―人間関係力を育てるゲーム50―』の続編である。前作は，100円グッズを活用して，人とかかわる楽しさ・人間関係力を体験的に学ぶための50のゲーム・実践を紹介した（出版後，さらに楽しくてためになる演習を考案。グレードアップ中である）。

　本書は「人間関係力は，学級活動だけで育つものではない。教科等の授業のなかでこそ，育つものであり，育てていくものだ」という考えを基盤に，100円グッズを「学習の促進剤・刺激剤」として活用した実践を紹介したものである。

　今回は，教科指導と学級活動等に活かすことができる100円グッズ（36アイテム）と「人間関係力」を育てる活用のしかた（33実践）を指導案付きで紹介している。それらはヒントである。タネである。

　子どもたちは，学習に何か変化があると関心を示す。ちょっとしたアイテムを使うだけで，学習が楽しくなる。例えば，算数に「S字フック」を活用するだけで，計算が楽しくなる。やる気が出る。気持ちが変わる。

　教材の開発は面白い。わくわくする。100円グッズを活用しながら，考案してきた演習は，毎年，新作が考案され，進化している。とりわけ，本書で紹介している「みんなでホールインワン」は，「ジャンボ」「ボディ」と楽しい進化を遂げている。教材開発にゴールはない。

　本書は「タネ」。タネを育て，花を咲かせるのは皆さんである。本書が皆さんの知的好奇心を刺激して，学習活動が楽しくなることを期待している。

　100円グッズは教師の教材開発意欲を刺激する。

2008年4月

土田雄一

かかわる&学ぶ！100円グッズで授業づくり 小学校
目次

まえがき

第1章　100円グッズで授業づくり―学習と学級づくり― ……… 5
第1節 本書で育てたい4つの力　6／第2節 学級の人間関係と学力　9／第3節 学級づくりのポイント　12／第4節 学習を通して高め合う授業をつくる　14／第5節 教材開発を楽しむ　19

第2章　教科・領域に活かす100円グッズ ……………………… 21

国語　トランプがカルタに変身　22／言葉伝達ゲーム　26／ローマ字ポーカー　28

社会　世界事典をつくろう　30

算数　S字フックジャンケン　36／あわせ10（てん）カップ　40／みんなの0（わ）なげ　42

理科　星はどう動く？　44／磁石でチュッ！　48

生活　グルーガンで季節を彩る　50／跳んでくぐって「○○跳び」　54

音楽　犬のガム太鼓　56

図画工作　ポリ袋でよく揚がる凧！　60

家庭　マイ鍋でみそ汁づくり　64

体育　整列ベースボール　68／安全ハイジャンプ　72

道徳　一緒に遊ぼう！　76

外国語活動　お弁当カップで英単語　82
　　総合的な学習の時間　100円からみえるもの　86
　　学級活動　みんなでホールインワン　92／みんなでホールインワン・
　　　応用編　96／がんばろうねっと！　98／スリッパリレー　100／ヘリ
　　　ウムチェーン　102

第3章　個別指導に活かす100円グッズ………………………… 105
　　特別支援教育　すごろくをつくろう　106／ラッピングタイ遊び　110
　　教育相談　居心地のよい空間づくり　112／なぞなぞおみくじ　114
　　適応指導　紙コップツリーゲーム　116／私はだれでしょう？　118
　　保護者会　仲よく考えよう！　120

ミニアイデア①　朝トレ　104
ミニアイデア②　紙コップトーキング　124

グッズさくいん　125
著編者紹介

第1章

100円グッズで授業づくり

―学習と学級づくり―

第1節　本書で育てたい4つの力

■ はじめに――人間関係力を育てるには

　子どもたちに人間関係を築く力が育っていないといわれて久しい。

　人間関係力は，知識だけでは育てることはできない。かかわりのなかで身につけるものである。自分で気づき，発見してこそ身につくものだ。その力を身につける場が減少しているのである。

　では，子どもたちが人とのかかわりを学ぶ場はどこか。学校である。学校では，さまざまな友達とのかかわりをもつ場所である。

　前作（『100円グッズで学級づくり―人間関係力を育てるゲーム50―』）では，遊び（ゲーム）のなかで友達とかかわる場面をつくり，かかわりを促進する刺激剤として，100円グッズの活用を提案し，紹介した。人間関係力を育てるために「作戦会議」を取り入れて，折り合いをつけ，合意形成をしながら，相互に補い合うことが体験できる活動プランである。

　しかし，人間関係力は，学校の「遊びの場」だけで育つのだろうか。学校では，むしろ，「学習の場」で育つ割合が大きいのでないだろうか。

　学習の場では，否応なしに自分の好きな友達だけでなく，ちょっと苦手な友達ともかかわることになる。そのとき「そこそこ」のつきあいができる力があるとよい。

■ 本書で育てたい人間関係力とは――4つの力

　「人間関係力」とは何か。私は次のように考える。

①対人関係を築く知識をもとに
②人とコミュニケーションをとりながら
③感情の交流をしたり
④協力して活動したりする力

①対人関係を築く知識

　いわゆる**ソーシャルスキル**である。あいさつや礼儀，マナーなど社会生活を営むうえで必要な知識をさす。あいさつのしかたを知らなかったり，お礼を言えなかったりしたら，人とよりよい関係を築くことはむずかしい。

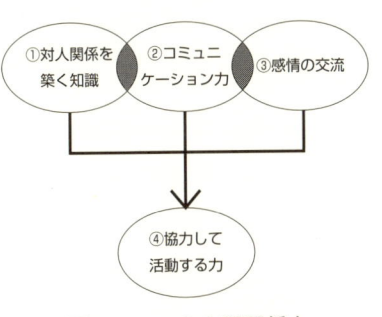

図1　4つの人間関係力

　さらに高度になると，人を不快にせずに断る方法や頼みごとをする方法も，この対人関係を築く知識に含まれる。

②コミュニケーション力

　コミュニケーションは言語・非言語があり「**双方向**」のものである。キャッチボールである。友達と一方的ではなく，双方のやりとりのもと，高め合うのがコミュニケーションである。学習においては，このコミュニケーション「話す・聞く」が基盤となり，個々の能力を高める。しかし，伝えたり，受け取ったりするのは言葉の意味・内容だけではない。気持ちも同時に受け取る。「食べたくない」という言葉が「本当に食べたくない」のか「食べたいけど遠慮している」のかは関係・雰囲気などによって判断されるのである。

　コミュニケーション力とは，「**気持ち・考え・事実を伝え，理解してもらい，相手のそれも受けとめ理解する力**」である。

③感情の交流

　喜怒哀楽の感情を互いに共有することである。そのためには自分の感情への気づきが必要であり，それを相手に伝える力がなくてはならない。そして，相手の感情を受け取る力も重要だ。一緒に喜んだり悔しがったりしながら，いま自分が感じる感情に気づき，必要に応じてそれを周囲に伝える力，ときには自分はうれしいけど，友達はつらいだろうという感情を推

察・読み取る力が必要なのだ。
④協力して活動する力
　いくら対人関係の知識があっても，伝える力があってもそれらが活用できなくては人間関係力があるとはいえない。協力して活動することは①〜③の力すべてを使うことである。「**自分の意見も主張するが，相手の意見も受けとめて，『折り合い』をつけること**」である。一方的に従ったり，従わせたりすることではない。目的のために何が大切かを意見を交換しながら考え，違うアプローチのときには「折り合い」をつけたり「相互補完」したりする力である。実際の場面で活きてはたらく力である。
　この４つの力を学校で育てようという提案が本書である。

　この力は小学校中学年までに育てたいものである。
　この小学校中学年までというめやすには理由がある。スキャモンの成長曲線にもあるように，10歳ごろまでに，神経系統・調整力などの身体能力の大部分が形成される。その「伸びざかり」の時期に，「人間関係力」を育てる取り組みをしたい。この時期に学んだこと，身につけたことは自我が確立し，対人関係の悩みが増える前思春期・思春期を乗り越える力にもなるのではないだろうか。

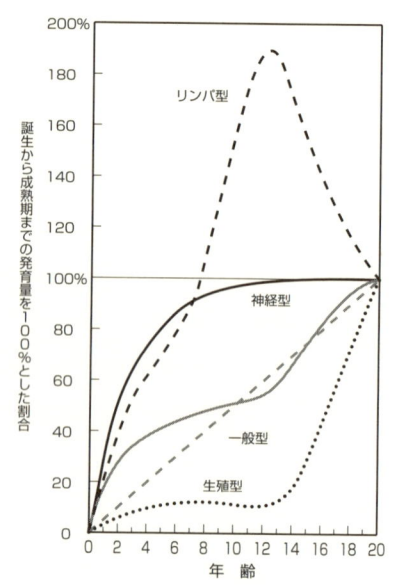

図２　スキャモンの成長曲線
山内光哉編『発達心理学』ナカニシヤ出版，1989年

第2節　学級の人間関係と学力

■ 人間関係のよい学級は学力も高い

「人間関係が円滑であたたかい雰囲気があり，子どもたちが切磋琢磨し，支え合いながら学習をする学級は，学力が高い」と経験的に思う教師は多いだろう。逆に人間関係が悪化し，トラブルが多い学級では学習への意欲が減退し，「学力が伸びない」と感じることがあるだろう。

この教師の経験則を裏づけたのが，河村茂雄が2004年から2006年にかけて小・中学生約5万人を対象に行った調査である。

■ 河村調査からみえるもの

河村は全国の小・中学生に「楽しい学校生活のためのアンケートQ-U」とその他の項目を組み合わせた「学級満足度」等を調べる質問紙調査を実施した。詳細については『データが語る①―学校の課題』『データが語る②―子どもの実態』『データが語る③―家庭・地域の課題』（いずれも図書文化，2007年）を参照されたい。

その結果から「なれあい型と管理型に比べて，満足型（の学級）では，学力の定着度が高い子どもの割合が多く，逆に学力の定着度が低い子どもの割合は少ない（カッコ内筆者）」という考察がされたのである。まさに，教師が感じていた経験則のとおりである。

■「満足型」の学級はなぜ学力が高くなるのか

河村は「満足型の学級は，**共に生活し人間的なかかわりをもつうえでの規範（ルール）と，親しい人間関係（リレーション）が育っているので，互いに活発なかかわり合うことができる**」とし，子ども同士が磨き合う相互作用として次の4点をあげている。

> ①みんなとかかわる中で，学習意欲が喚起される。
> ②互いを認め合うことができるので，学習意欲が持続する。
> ③友達のいい学習方法をモデルにして取り入れることができる。
> ④主体的な学習習慣が形成され，学習活動に広がりと深まりが起こり，学習が定着する。

そして，学力を伸ばすには「学級づくり」が大切であり，教師の指導と援助が重要であると述べている。

■「学級づくり」と人間関係力

第1節で述べた人間関係力の視点と河村の指摘を重ねてみよう。

①対人関係を築く知識があるということは，「共に生活し人間的なかかわりをもつうえでの規範（ルール）」を身につけているということである。

その規範をベースに，学級の友達と**②コミュニケーション**をとりながら，「互いに活発にかかわり合い」，「磨き合う」学習をすることは，折り合いをつけながら，目標に向かって**④協力して活動**することである。「主体的な学習習慣が形成され，学習活動に広がりと深まり」が起こる。そのプロセスで，うまくできないところを支え合い，補完し合ったり，「学習モデル」にしたりすることで，共にできた喜びを分かち合い，「互いに構えのない，ふれあいのある」**③感情の交流**が生まれ，信頼関係が強くなる。

リレーション（信頼関係）とルール（規範・約束）を基盤にした学級は，子どもが学級の人間関係に満足するだけでなく，学習面でも成果をあげている傾向があり，それに伴って，人間関係力もさらに育つと考えられる。

言いかえれば，「リレーションとルールができた学級は人間関係力が育ち，学力も高くなる」と予想される。

■「学級づくり」をするためには

　学級づくりは，構成的グループエンカウンターやレクリエーションをはじめとして，「学級活動」の時間に行うと考えている教師が多いのではないだろうか。しかし，この時間で学級づくりを行うなら4・5月の緊張感の高い時期にある程度目的をしぼり，まとめて計画的にやるべきである。子どもたちの望むがままに年間を通して毎時間だらだらやると「なれあい型」の学級になりやすい。

　学級づくりは，日常のなかで多くの時間を占める「学習活動」を通して育てることが大切なのである。学級経営は，学習と生活の指導・助言から成り立つものであり，子どもの成長に不可欠なものである。どちらも重要な課題である。

　特に，学習活動をいかに活性化させるかは，学習指導要領の改訂とも関連する大きな課題である。

　本書は，100円グッズを活用して，学習活動の活性化を図り，同時に，人間関係づくりの役に立つプランを提案したものである。

第3節 学級づくりのポイント

■ 学級づくりの柱——リレーションとルール

　学級づくりをするうえで大切な柱は，前掲のとおり**リレーション（信頼関係）とルール（対人関係の規範）**の構築である。

　信頼関係には，教師と子どもの信頼関係，子ども同士の信頼関係がある。そして，教師と保護者の信頼関係も大切であるが，この信頼関係は子どもとの信頼関係があると成立しやすくなる。これらの信頼関係の構築は，何もなしではできないだろう。

　日常の生活指導はもとより，お互いの関係が近づく何かを仕組む必要がある。自然にというが，かかわりの少ないなかで，自然に仲よくなることは現在の子どもたちにとって至難の業なのではないか。

　少なくとも，教師がきっかけを与える必要がある。

　そのきっかけが「**人間関係づくりを目的とした演習**」であり，「**人間関係力を育てることを意識した学習指導**」なのである。

　そして，そこには，必ず人と人とがかかわるうえでの規範，ルール（約束）が存在する。この規範・約束を明確にしたり，きちんと守ったり守らせたりすることが，一人一人に安心感を与える学級づくりにつながる。つまり，ルールにより，一人一人が守られていることが安心につながり，教師への信頼感にもつながるものなのである。

　それは，子どもにとって，教室を心地よい居場所とするものでもある。

■ いきいきとした学習のために

　自分が子どものころ，どんな授業が楽しかっただろうか。意欲がわいただろうか。

　「テレビの時間！」と思い起こす方もいるだろう。実際に子どもたちは授

業のなかで，理科や社会・道徳などのテレビを視聴することが大好きだ。視覚に訴え，自分たちの日常では得られにくい知識や情報を与えてくれるからだ。映像から学ぶことは大きい。では，その次に，あげるとしたらどんな学習だろうか。「何か学習材を使うもの」「活動的なもの」「座学ではないもの」などがあげられるだろう。

　学習材としては，理科の「ソーラーカーを走らせよう」で工作キットを使うと大変熱心に取り組む子が出てくる。その一方で，電池のコイルを巻く作業に悪戦苦闘する子もいる。その「悪戦苦闘」も大切な体験であり学習である。

　「一人でやりとげる」という目標の設定もあるだろうが，協力して課題を解決するという方法もあるだろう。だれかがコイルの巻き方のコツを教えてくれたり，サポートしてくれたりすると，忘れられない授業となり，知識面の定着もよい。

　つまり，**かかわりのなかで生まれた学習は身につく**。心に残りやすい。

■ かかわりのある学習活動をつくる

　人間関係を築き，それぞれが高め合う学習にするには，グループ活動の充実が必要である。

　個別に得た知識や技能，一斉指導によって共通に把握された知識や情報をもとに，力を合わせて課題を解決することがお互いの力を高め合うことになる。支え合いながらも切磋琢磨する集団になる。

　それには，言いたいことが言えるようになる必要がある。そのためには感情の交流が必要だ。構えのない関係を構築するために，共に認め合い，感情の交流ができるようにしたい。それが信頼関係につながる。

第4節 学習を通して高め合う授業をつくる

■ できる喜び・わかる喜びを分かち合う

　子どもたちは「できなかったことができる」とうれしい。成長の証でもある。「できる」「わかる」は自信につながり，自己肯定感を高める。

　そして，自分だけでなく，友達と話し合ったり切磋琢磨したりしながら，自分の考えを深めたり，課題をクリアしていったりすると，一人で学習する以上の喜びを感じることがある。

　それはなぜだろうか。

　一人で課題をクリアしたときは自分だけの喜び（満足感）である。友達と話し合ったり，作業を分担し合ったりして課題をクリアしたときは，喜びを共有できるし，努力を互いに認め合うことができる。自分の役割・責任を果たした満足感があり，そのグループへの所属感も高まるだろう。一人で学習する以上の喜びと高まりがそこにはある。

　このように，相互の力を感じ，伸びる姿こそ，本来の「学習」ではないか。互いに支え合いながら，自分も友達も伸びていく姿が学級における理想の学習活動であり，その基盤は人間関係づくりにある。

■ 「言語力」と「人間関係力の育成」の必要性

　新しい学習指導要領が告示され，2011年度から完全実施となる。

　改訂の特徴は「ゆとり」から「学び」を強く意識したことであり，全教科を通して，「言語力」を育てることを示したことである。さらに，「人間関係力の育成」も大切なキーワードである。

　つまり，学習を通して，コミュニケーションを取りながら，自分を表現したり，友達とのやりとりのなかから，高め合ったりすることが重要視されるのである。その「言語力」を育てるためには，何でも話せる学級づく

りが基盤となる。

　小学校の低・中学年から「周囲の目を気にして発表できない」という感情をもつようなら心配である。エリクソンの発達理論でいえば，児童期は勤勉性を身につける時期であり，学級におけるルール・規範意識が育つ時期である。その時期に，「聞く・話す」のルール・規範を意識しながら，「何でも話せる雰囲気」「発表しやすい雰囲気」「認め合う雰囲気」をつくり出すことが大切である。

　一方で，自我同一性を獲得する時期である思春期（高学年～中学生）に「言いたいことがあるけど周囲の目が気になるから言わない」という感情をもつのは理解できる。発達から考えるとやむをえないかもしれない。

　しかし，学年は違っていても，課題や目的に対して，それぞれが自分の考えをもち，伝え合い，より高い段階へと成長していくプロセスが学校教育ではないだろうか。学年を問わず，「何でも話せる学級づくり」が大切である。

　本書には，一人でも進められる素材や学習もある。しかし，それを「グループで活動できる」展開にして，コミュニケーションをとりながら「互いに高め合う」ことができるようにした。「人間関係力の育成」と「学習の高まり・定着」を意識したのである。

■「フィンランド・メソッド」に学ぶ

　「OECD学習到達度調査（PISA）」で，フィンランドは「読解力」で2003年１位，2006年は２位。「科学的思考」は2003年，2006年ともに１位。「数学」は2003年，2006年ともに２位であった。

　日本が「読解力」14→15位，「科学的思考」２→６位，「数学」６→10位と国際順位を落とすなかで，上位を占めているフィンランドの教育から学ぼうとする動きがある。

このフィンランドの教育をわかりやすく解説したのが，北川達夫の『フィンランド・メソッド入門』(経済界)である。
　北川は，フィンランドの教育方法の5つの基本を紹介している。

| ①発想力 |
| ②論理力 |
| ③表現力 |
| ④批判的思考力 |
| ⑤コミュニケーション力 |

　フィンランドでは，「**発想力**」「**論理力**」「**表現力**」を基盤に「批判的思考力」と「コミュニケーション力」を育て，「グローバル・コミュケーション力」を養成することを目的としている。
　今回の学習指導要領の改訂でも，「言語力」の育成が重視され，書いたり，討論したりする学習が重視されている。
　これは，フィンランドの教育に通じるところがあるが，フィンランドでは「発想力」を育てることを基本として重視している。
　「発想力」を育てるといっても，自由に考えるだけではない。「意見＋理由」という型をはめたうえで自由に発想し表現する。この思考の型を学び，身につけるのである。授業中に，「ミクシ？（どうして？）」と理由を聞くことが，一つの型であり，論理力・表現力を育てている。

■「100円グッズ」で「発想力」を育てよう ─────────
　では，日本では「発想力」が鍛えられているだろうか。
　昔は，遊びの工夫があっただろう。最近の遊びは工夫の余地が少なくなったのではないか。
　100円グッズは子どもたちの知的好奇心を刺激するもので，「発想力」を鍛えることにもつながる。「グッズから使い方を発想する」のである。

例えば、「プラチェーン」という100円グッズを前作では、「同じ色で集まる」「同じ趣味で集まる」などつながるものとして紹介した。本書では、リングにして、協力して下げる演習（「ヘリウムチェーン」P.102）を紹介している。これは、プロジェクト・アドベンチャーなどの演習で使われる「ヘリウムリング」の応用編である。

「ヘリウムリング」では軽い輪を使うが、プラチェーン（おもちゃのチェーン）を使うと、リングの数を増やしたり、減らしたりでき、実施人数によって難易度が調整できる。さらに、本書で紹介している「S字フックジャンケン」（P.36）のS字フックの代用もできる。それから、本書では紹介しきれなかったが、長机の上で、プラチェーンをぶつけ、得点を競う「プラカーリング」もできる（大学生にも人気）。

このように、プラチェーンという玩具から、幾通りもの活用ができる。つなぐだけでなく、柔らかな素材を活かした活用方法もあるのである。

このような「発想力」を子どもたちに育てたいのだ。

100円グッズは、その素材を提供しているのである。本書はそのヒント集なのだ。

■「キャリア教育」と人間関係力

文部科学省は「キャリア教育推進の手引き」（平成18年11月）のなかで、子どもが将来自立した社会人・職業人として生きていくために必要な能力や態度・資質として、次の4つの能力と各2つの下位能力をあげている。

①人間関係形成能力……「自他の理解能力」・「コミュニケーション能力」
②情報活用能力…………「情報収集・探索能力」「職業理解能力」
③将来設計能力…………「役割把握・認識能力」「計画実行能力」
④意思決定能力…………「選択能力」「課題解決能力」

人間関係形成能力とは「他者の個性を尊重し、自己の個性を発揮しなが

ら，さまざまな人々とコミュニケーションを図り，協力・共同して物事に取り組む」ことである。

　これらを子どもの成長段階に応じて，身につけるための教育がキャリア教育である。望ましい職業観を育てるとともに，「自己の個性を理解し，主体的に進路を選択する能力・態度を育てる教育」である。

　とするならば，「個人の生き方追求」と「社会参画の意欲・態度の育成」が必要である。「個」と「社会」の両面を考えられる行動力のある子どもたちを育てることが必要なのだ。

　そのためには，あらゆる教育活動において，「個人の尊重」と「集団のなかでのかかわり」を大切にしたい。特に，学習場面では，かかわりが必要な活動を意図的・計画的に実施するとよい。

　本書は，学習における100円グッズの活用方法を提案したものだが，指導案をつけて，授業をしやすくしただけでなく，「活動のねらい」に人間関係力を折り込み，子ども同士がかかわり合いながら学習を進められるように工夫した。

　キャリア教育の視点からも100円グッズを活用しながら，人間関係力を育てる活動は，学習場面，遊びの場面においても必要であり，重要ではないだろうか。

第5節 教材開発を楽しむ

■ 100円グッズ活用発想法

前作で「100円グッズ活用の発想法」を紹介し，新しい遊びやゲームの開発のヒントを提示した。

①そのまま活かす
②素材を活かす・特徴を活かす・弱点を活かす
③形状を活かす
④加える
⑤組み合わせる
⑥代用する
⑦ひとひねりする

今回は，さらに「⑧分割する（一部を活用する）」を提示したい。

■ 分割して活用する

本書で「ポリ袋でよくあがる凧！」（P.60）を紹介しているが，この作品は，実に廉価である。40人学級で315円（凧糸を除く）。35人学級なら，210円，1人あたり6円である。その安さは竹のランチョンマットにある。33cmの竹ひごが約140本とれる。竹のすだれなら45cmの竹ひごが約100本である。

「分割する」と図工の工作の材料としても有効だ。手軽に活用できる。

このように，前掲の「発想法」に「分割する」を加えて，グッズを眺めるとさらにさまざまな活用方法がみえてくるのではないか。

■ 「教材開発」を子どもと楽しむ

　私は何かをつくり出すことが好きだ。自分がつくり出したものは，自分の力になる。千葉大学で私が担当する授業では，「みんなでホールインワン」（P.92）という名作が生まれた。そこから，「ホールインワン・ジャンボ」「ホールインワン・ボディ」（P.96），「ミルキーウェイで会いましょう」「ぐるっと一周千葉県」など数々の関連教材が誕生しているのである。

　「みんなで穴にボールを入れる」という基本の考えのもと，シートの素材や大きさ，持ち方などちょっと工夫をすることで，遊びの幅が広がり，なおかつ学習につながる教材ができている。

　教材の開発は面白い。わくわくする。子どもたちならなおさらである。柔軟な発想力は，われわれ大人をはるかにしのぐものだろう。現在の子どもたちは，このような柔軟な発想力が眠っているだけである。「発想力」を鍛えるひとつの素材として100円グッズの活用があるのだ。

■ 「100円グッズ」をどう料理するか

　例えば，パック入りのハンバーグがある。安価でそれなりにおいしい。しかし，パックごと食卓に出すのでは，ちょっとさびしい。皿にのせ，野菜を添えて出す方法もある。大根おろしをのせて和風ハンバーグにする方法もある。さらに，ひと手間加えて，煮込みハンバーグにすると，手作り風のハンバーグ料理になる。

　つまり，目的に応じて，既成品（ドリル・テストも含め）をどのように活用するかが学習指導においても大切なのではないだろうか。ひと手間加え，素材を活かしたオリジナルの教材開発こそ，子どもたちが喜んで食べ，栄養になるものではないか。「ひと手間加える」余裕と楽しみをもちたいものである。100円グッズは，その格好の素材である。

第2章
教科・領域に活かす100円グッズ

国語

トランプがカルタに変身

森岡里佳

クリアポケットに入れたひらがなトランプ

■ 活動のねらい

学習のねらい ①主語と述語の関係を理解し，文章を組み立てることができる。②カルタとりをすることで，文を読む力と聞く力を育てる。

人間関係力 ①文章づくりの話し合いを通して，互いの意見を聞く力を身につける。②グループごとに文章の内容が異なることから，他者との違いやそれぞれのよさを意識する。

■ 100円グッズを使うよさ

50音の単語があり，わかりやすい絵が豊富で，子どもの自由な発想を引き出せる。クリアポケットを使うことで，カルタとしても，繰り返し学習できる。

■ 協力を高める指導のポイント

文をつくるときに，思うように文が考えられなければ，「ヘルプ」と言って，グループ内の助けを得ることができるようにする。

■ 準備物

コスト：合計1260円（ひらがなトランプ×6＋クリアポケット×6）

・1グループにひらがなトランプ1組・クリアポケット1袋（全6グループ）。 その他：油性ペン（1人1本）

| | | 合意形成 | 他者理解 | 45分 | 低学年 |

	活動の内容（★教師の言葉かけ）	留意点
導入 10分	(1) 本時のねらいをつかむ。 　　**絵を見て文をつくりましょう** ・ひらがなトランプとクリアポケットを使って，カルタ作りをすることを伝える。 ・ひらがなトランプの絵を見て，考えられる文を紹介したり，発表させたりする。	・ひらがなトランプとクリアポケットを見せる。
展開 30分	(2) カルタ作りの手順を説明する。　手順アリ ・実際に教師がカルタを1枚作る過程を見せながら，ゆっくり説明していく。 (3) グループごとに分かれて，カルタ作りをする。 ・トランプを1か所に重ねて置き，1枚ずつ引く。自分の引いたトランプのひらがなを，油性ペンでなぞり，文字をカルタのように◯で囲む。 ・トランプを抜いたクリアポケットに，考えた文を書き込む。 (4) 読み手を決めて，カルタとりをする。 ・ひらがなトランプを取り札，クリアポケットを読み札にして，カルタとりをする。	・手順の説明が終わってから，グループごとに分かれる。 ・グループごとに，ひらがなトランプとクリアポケットを配る。 ・カルタの作り方を子どもが理解できているかどうかを見て回る。 ・カルタをする前に油性ペンは片づけておく。
まとめ 5分	(5) グループごとに，考えた文を発表し合う。 ・同じ「よ」（絵は洋服）のトランプでも，「ようふくをえらぶ」「ようふくをかう」など，つくった文を発表し，それぞれのグループの違いやよさに注目する。 (6) 後片づけをする。 ・次回は別のグループが作ったカルタを使うことを知らせる。	・「〜が〜する」「〜を〜する」「〜は〜だ」など，できた文の違いを説明する。

活動場所：教室

活動単位：1グループ5〜6人

手順：①トランプを1枚ずつクリアポケットに入れ，集めて中央に重ねて置く（重ねてあればあいうえお順でなくてもよい）。②重ねた山から1人1枚ずつトランプを引く。③クリアポケットの上からひらがなの部分を油性ペンでなぞり，文字を○で囲む。④トランプをクリアポケットから出す。⑤トランプの絵を見て考えた文をクリアポケットに油性ペンで書く（クリアポケットとトランプは別々に置いていく）。⑥44枚のクリアポケットに文が書き込めたら終了。

人間関係を深めるポイント：文を記入する札が44枚と多いので，文が思いつかないときは「ヘルプ」と言ったら，グループ全員で一緒に文を考えてよいルールにする。

展開上のコツ：カルタをするときに，ほかのグループとクリアポケットを交換して行うと，自分のグループとの違いに気づくことができる。

■ 子どもたちの様子

「トランプの字をなぞったら，上手に字が書けた」と言う子や，カルタをやりながら，「あっ，それ私が考えたやつだ！」と，自分が考えた文が読み上げられるたびにうれしそうにしている子がいた。文をつくるのに慣れてくると，面白い文をつくろうと奮闘するようになってきた。

■ 実践を振り返って

1年生は，「たぬきわおなかをたたく」などと書いてしまう子がいるので，「は」と「わ」・「へ」と「え」・「お」と「を」の違いをあらかじめ学習しておいた。それでも間違ったら，×を書いて，横に書き直した。

また，ひらがなトランプのひらがなの横に，カタカナを書く（「あ」の横に「ア」を書くなど）ようにした。こうすると，カタカナにも目がいくので，カタカナの学習にもなった。文を書き終えるたびに，「こういう文を考えたよ」と，うれしそうに話す子が多いので，様子を見て回りながらほめて回ることもできた。

■ 今後の発展と留意点

クリアポケットに文を記入しているときに，油性ペンが書けなくなったという子もいたので，油性ペンの予備が必要である。油性ペンを使用するため，書き直しはできないが，トランプ44枚に対して，クリアポケットが1パック50枚入なので，余った分は予備として使うことができる。

■ 他学年・他教科へのアレンジ

グループで輪になって座り，1人が輪の中央に重ねたひらがなトランプを1枚ひき，「あ」のカードが出たら，「あ」のつく物の名前（人名も可）を1人1つずつ言って一周させる。次にまた1人が別のカードを引いて同じように言っていき，早く全部のカードの言葉を言ったグループが勝ちとなる「○のつく言葉リレー」や，ひらがなトランプを使った言葉ポーカー，高学年では同音異義語の漢字集めのきっかけなどにも活用できる。

国語

言葉伝達ゲーム

森岡里佳

ひらがなトランプ

■ 活動のねらい

学習の ねらい　①見たものを言語のみまたは身ぶり・手ぶりのみで相手に伝える。②言語のみ・非言語のみの表現から伝えたい内容を理解する。

人間 関係力　①身ぶり・手ぶりを読み取る活動を通して、非言語コミュニケーションをし、理解する力を養う。②自分や友達の表現や身ぶりについて、よかったところや工夫していたところを話し合う。

■ 実践の記録

子どもたちの様子：話し手は、身ぶりをせずに、トランプの内容を伝え、身ぶりをする子は声を出してはいけないことから、言葉だけ、身ぶりだけでは伝えきれないことを協力して何とか伝えようとする姿がみられた。

今後の発展と留意点：トランプの内容によっては、話し手の説明や身ぶりだけでわかってしまうことがあるので、話し手と身ぶり役は同時に行う。

■ 準備物

コスト：合計420円（ひらがなトランプ×1＋ワンタッチライト×3）

・学級でひらがなトランプ1組、1グループにワンタッチライト1つ（全3グループ）　※ライトなしだと105円

| コミュニケーション | 45分 | 低学年 |

活動場所：教室

活動単位：座席縦２列で１グループ

手順とルール：①左列話し手・右列身ぶり役で２人１組になる（話し手がワンタッチライトを持つ）。後ろの席の２人が解答する。②最初の２人組がトランプを引く。話し手がイラストの説明をし、身ぶり役の子は身ぶりで伝える。③後ろの組が答え、正解したら「正解！」と言ってライトをつける。④順に伝えていき、一番後ろまで伝わったら、話し手と身ぶり役を交代する。⑤新しくトランプを引き、早く一番前まで伝えたグループの勝ち。

人間関係を深めるポイント：終了後にお互いのよかった表現について振り返り、伝え合う。

展開上のコツ：表現しづらいものやわかりにくいものは「パス」を認めカードを引き直す。どのグループのだれのどんな表現の仕方がよく伝わったかということを、一つ一つ評価していく。

第２章 教科・領域に活かす100円グッズ

国語

ローマ字ポーカー

山本明子

ひらがなトランプ

■ 活動のねらい

学習のねらい　日常使われている簡単な単語をローマ字で書くことができる。

人間関係力　①グループでローマ字を教え合う。②グループで意見を出し合い，協力して長い言葉や文をつくる。

■ 実践の記録

子どもたちの様子：自分がつくった言葉だけでなく，友達の言葉も進んでローマ字で書いていた。つくった単語をつなげて（「りんご」「あめ」）「あっ，『りんごあめ』になる！」などと盛り上がっているグループがあった。「またやりたい」「休み時間に，枚数を多くしてやってみたいね」など楽しみながらできた。

今後の発展と留意点：引いたトランプの絵の言葉もローマ字にすると，さらに習熟が図れる。

■ 準備物　　コスト：合計840円（ひらがなトランプ×8）

・1グループにひらがなトランプ1組（全8グループ）。　その他：ワークシート

| 相互補完 合意形成 | 45分 | 4年生 |

活動場所：教室

活動単位：1グループ4～5人

手順とルール：①トランプを1人5枚ずつ配る。②配られた5枚の文字から，各自が言葉や文をつくる（残りの札は中央に置き，組み合わせができない場合，3回までカードを変えてよい）。清音は，濁音や促音にしてもよい。③各自がつくった言葉や文を，グループ全員がそれぞれのワークシートに，ローマ字で書きこむ。個人の表に得点を記入していき，2回戦まで行う。④グループ全員の文字カードを使ってできるだけ長い文章を協力してつくる。

人間関係を深めるポイント：①ローマ字の書き方がわからないときは教え合わせる。②互いに意見を尊重し，受けとめる約束をする。

展開上のコツ：言葉が書いていないカードは，2～4枚程度がよい。

他学年・他教科へのアレンジ：3年生では，単語に「が」や「は」を加えて文をつくると「文の組み立て」の復習もできる。

社会

世界事典をつくろう

合田　実

世界地図＆国旗シールセット

■ 活動のねらい

学習のねらい　国旗から外国に興味をもたせ，外国の文化や伝統を尊重しようとすることができる。

人間関係力　世界国旗マップづくりやリレー説明会を通して，お互いの考えを認め合い，コミュニケーション能力を育てる。

■ 100円グッズを使うよさ

　世界約200の国と地域に対して49の国旗を，調べて貼る作業ができる。調べる→貼るという活動は，国旗のデザインやその国の位置を知ることができ，外国への興味を喚起させる導入時には，最適なグッズである。

■ 協力を高める指導のポイント

　個別にシールを貼る作業学習は，あえてグループにして，お互いに教え合いながらわいわいとやらせた。作業終了後，国旗を通しての発見を発表させるための話し合いを自由にさせ，机間支援の際に，よく教え合っているグループや協力して発見ができたグループを大いにほめる。

■ 準備物　　コスト：合計4200円（世界地図＆国旗シールセット×40）

・1人に世界地図＆国旗シールセット1組（全40人）。

	コミュニケーション 他者理解	6時間	6年生

全体計画

単元のねらい：外国に興味関心をもち，外国の文化や伝統を尊重しようとすることができる。

単元の展開：（6時間扱い）

学習内容	活動概要	時間
(1) 単元の導入 （グループ）	・グループになって教え合いながら，一人一人が国旗マップを完成させる。 ・次時からの活動で調べたい国を，学級全体で一人一人重ならないように調整し合って選ぶ。 指導案アリ	1時間 （本時）
(2) 調べ活動 （個人）	・その国の国旗（絵），国旗の意味，文化・伝統，日本とのつながり・違いについて，自分の考え等の観点で調べ活動を行う。 ・一人一人が，知りたいことに合った調べ方で，調べ活動を行う。 ・内容を確認し，状況に応じて修正する。 ・調べてきたことをワークシートにまとめ，提出する。 →教師は，提出されたワークシートを集めて，1冊の冊子にし，学級の全員分印刷する。	4時間
(3) 説明会	・リレー形式の説明会で自分のページを説明し，感想を述べ合う。手順アリ	1時間

	活動の内容（★教師の言葉かけ）	留意点
導入3分	（1）本学習の流れをつかむ。 ★今日は，世界の国々の国旗マップをつくります。そして次の時間からは，興味をもった国を見つけ，個人で調べ学習をしてもらいます。調べ，まとめる時間は4時間です。みんなが調べたことをまとめ，「6年○組世界事典」をつくります。最後に，「世界事典」の説明会を開きます。	・世界事典をつくるゴールを意識させ，見通しをもたせる。 ・まとめ用のワークシートも配る。 ・「世界事典」は全員に配ることを伝える。
展開37分	（2）グループになって，一人一人が国旗マップづくりを行う。（15分） ★国旗マップづくりを始めましょう。地図帳を使ったり，グループで教え合ったりしても構いません。ただし，裏に書いてある答えを見てはいけません。10分をめやすに，全員が完成できるといいですね。 （3）国旗やその場所について話し合う。（15分） ★全員が終わったグループは，国旗や国のある場所について，疑問をもったことや気づいたことを話し合いましょう。何番でどのような疑問をもったかを，メモをしてください。あとで発表します。 （4）話し合ったことを発表する。（7分） ★よく聞いておきましょう。このあとに，一人一人が調べたい国を決めてもらいます。3つ以上選べるように考えてみてください。	・協力してつくり上げてよいことを話す。 ・時間がかかるグループには教え合い，全員完成するよう促す。 ・自分が調べたい国を全員が見つけられるように，グループでたくさん発見できるよう促す。 ・自分が調べたい国を3つ以上見つけられるように聞かせる。
まとめ5分	（5）自分が調べたい国を決める。 ・1から順にだれがどこを調べるかを決めていく。重なった場合はジャンケンや話し合いで決定する。 （6）次時以降の予告を聞く。 ★次の時間から調べ活動をしていきます。家の人に話を聞いたり，ニュースやインターネットをチェックしたり，下調べしておくといいですね。	・調べたいところが多数ある者は，譲るように伝える。 ・ワークシートに基づいて，おもに文化や伝統について調べることを伝える。

活動場所：教室

活動単位：個人，学級全体

「リレー説明会」の手順：①前時に仕上げたワークシートを綴じた「世界事典」を全員に配る。②事典のページ順に，自分の担当したページの国について，30秒程度で説明する。③次のページの人が，説明を受けて，前のページのよい点を発表する。④説明とよい点の発表を順に繰り返し，最後のページの説明でよかったところを最初のページの人が発表して終了。

人間関係を深めるポイント：「いままでのその人に比べて，○○がよかった」等，その子の個人内成長に結びつけてよいところ発見をするよう指示する。上手に発表できた子を具体的にほめる。

展開上のコツ：内容の細かさや発表の仕方等について，具体的に「個人内成長をみる視点」は，あらかじめ掲示物を用意しておくと，子どもたちも「相手のよかった点」を見つけやすくなる。

子どもたちの様子

　高学年になると，説明的な学習が多くなり，作業学習が少なくなる。そのせいか，久しぶりの作業学習に，子どもたちは楽しんで国旗マップづくりを行っていた。もともと男女仲のよいクラスなので，助け合いながらすぐに完成し，話し合い，発表と順調に進んだ。自分の調べる国を決めるときは多少の偏りはみられたが，時間内に決められた。学級の人数に対して，国旗シールが10枚以上残る。はじめはもったいなく思ったが，それがかえって選択の余地となり，調べる国の決定がうまくいったようだ。

実践を振り返って

　調べ学習は慣れていたし，観点がはっきりと定まっていたので，4時間も必要のない子が半数いた。「余っている国も調べたい」という意見もあったが，時間がなかったのでかなえられなかった。最後の説明会の授業は，卒業数日前に行った。その際配った「世界事典」は，クラス文集の学習版のような形となり，卒業アルバムとともに思い出に残る物となった。

今後の発展と留意点

　6年生の卒業前に，「世界の国々」に関する単元がある。子どもの実態に応じて，早めに教科書の単元を終了したら，本学習を行うとよい。ただ，本グッズは地図の描き方が不正確であったり，小さな国は載っていなかったりと，正確性に欠けている。「環境問題で扱ったツバル共和国を調べたい」という子がいたり，「南極大陸がない」と気づいたりした子もいた。正確性に欠ける面を，事前に説明しておいたほうがよい。

他学年・他教科へのアレンジ

　めあてやゴールの設定を変え，各学校の「身につけたい力」に応じさせれば，本学習の流れ自体は，総合的な学習で行うこともできる。その場合，ワークシートの項目を若干やさしい観点にすれば，5年生でも行うことができるだろう。

ワークシート例（A4）

○年○組世界大事典　No

| 国　　　名 |

〈国旗の意味〉

国　旗

名前

〈（　国名　）の特徴・文化・伝統・日本との違い〉

　　　　※言葉や絵，資料，調べた国のセールスポイントなどを好きなように
　　　　　配置してここに表す。

〈（　国名　）について考えたこと〉

　　※自分の考えを書く

〈友達から〉　※この用紙を見せて，友達にコメントをもらう

第2章　教科・領域に活かす100円グッズ

算数

Ｓ字フックジャンケン

吉田英明

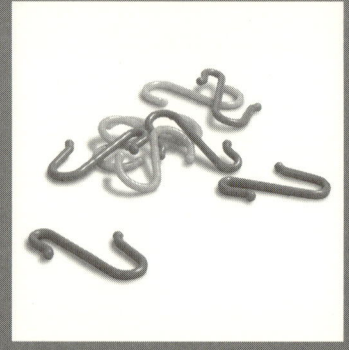

Ｓ字フック

■ 活動のねらい

学習のねらい かけ算の便利さを実感し，かけ算を学習していこうとする意欲を高める。

人間関係力 ①ジャンケンをしようと相手にもちかけるゲームの過程を通して，相手に話しかける力を育てる。②グループの得点を計算する活動を通して，協力する力を育てる。

■ 100円グッズを使うよさ

①１袋に12～14個入って100円なので，安価でたくさんそろえやすい。②相手の持っている数が一目瞭然である。③ジャンケン後の着脱がしやすい。④３色以上の色がある。

■ 協力を高める指導のポイント

①楽しくＳ字フックジャンケンを行い，グループチャンピオンを決めることを知らせ，意欲を高める。②グループの得点を簡単に計算する方法を話し合って考えるように助言する。

■ 準備物　　コスト：合計1260円（Ｓ字フック×３色×４袋）

・１人にＳ字フック各１色ずつ３個（全40人）。残りは教師が持つ。

	活動の内容と子どもの様子（★教師の言葉かけ）	留意点・準備物
導入5分	(1) S字フックジャンケンを行う。 ★S字フックジャンケンを行います。今日はグループ対抗なので同じグループの人とはジャンケンをしてはいけません。 手順とルールアリ	・1人3個ずつ配布する。残りは教師が「銀行」役として持つ。 ・S字フック
展開35分	(2) ジャンケン終了後，グループごとに獲得したS字フックを集める。 ★どのグループが多いのかな。今日はフックの色によって得点が違います。ピンクは1個5点。黄色は1個3点。水色は1個9点です。さあ，グループの得点を求めましょう。どのグループが優勝かな？ (3) グループで，得点を計算する。 ・同じ色同士に分けよう。 ・ピンクは5点ずつだから数えやすいよ。 ・黄色は3点が7個だから，3＋3＋3＋3＋3＋3＋3でえっと21点だ。 ・水色は9点だから大変だよ。 ・たし算がめんどくさいよ。 (4) グループごとに式をミニ黒板等に書き，得点を発表する。 (5) 大変だったこと・気づいたことを発表する。	・グループで数える前に，たくさんS字フックを持っている子をほめる。 ・フックの得点は実態に応じて設定する。 ・何度も足す大変さを味わわせる。 ・優勝したグループを賞賛する。 ・計算をよく頑張ったことをほめる。
まとめ5分	(6) まとめ ★みんな大変でしたね。実は同じものを何回も足すのにもっと簡単な方法があるのです。例えば3＋3＋3＋3＋3＋3＋3のように3を7回足す場合を3×7と書きます。これをかけ算と言います。かけ算を使うと計算が簡単になります。これから勉強していきましょう。	・オープンエンド。 ・かけ算に対する意欲を高める。

★個人でジャンケンをする

何個賭ける？

銀行

2個！

先生の眼鏡，似合ってますね

手持ちのフックがなくなったら（破産）教師に借りに来る

ジャンケンポン

★グループで計算する

ピンクは5個だから，5+5+5+5+5＝

めんどくさいね

水色は8個もあるよ。えーと，9+9+…

活動場所：教室

活動単位：ゲームは個人で行い，学習はグループになる。

手順とルール：①S字フックを1色ずつ3個配る。残りは教師が持ち，銀行役になる。②友達とジャンケンをする前に，何個賭けるかを決める。③ジャンケンをし，負けた子は勝った子にその個数を渡す。④破産してしまった子は教師からS字フックを借りられる。その際，教師をひと言ほめなければならない（例：先生きれい。髪型決まっていますね）。2回目に借りるときは別のことを言う。⑤たくさん持っている子の勝ち。

人間関係を深めるポイント：①ゲームでジャンケンをしたり計算方法を考えたりすることでコミュニケーションを深める。②銀行役の教師との距離も縮めることができる。③話し合いのときに友達の意見を否定しない約束をする。

展開上のコツ：教科以外でもS字フックジャンケンを普段からやっておくとよい。

■子どもたちの様子

普段からS字フックジャンケンを行っているので，スムーズに授業を進めることができた。「かけ算ってすごいね」と言ってくる子や「にいちが2，ににんが4…」と唱え出す子もいた。かけ算に興味をもたせることができた。

■実践を振り返って

S字フックジャンケンは，子ども同士・子どもと教師の距離を縮めるのに役立つ。特に学級がえがあった場合や担任が代わった場合に有効である。また，短時間でできるのもよいところである。算数を苦手にしている子どもも興味をもって算数に取り組む姿勢がみられた。

■今後の発展と留意点

算数とは関係なくS字フックジャンケンを普段からやっておくことが大切である。算数で使用する場合，グループ活動になると個人のがんばりが目立たなくなってしまうので，ゲーム終了後に個人の優勝者を賞賛するとよい。全体からの拍手で区切りをつけると，スムーズに算数の学習に移行できる。

■他学年・他教科へのアレンジ

すべての学年の『数と計算領域』に利用することができる。1年生では，『20までの数』でグループの合計数を数える。10のまとまりをつくるよさを味わうことができる。3年生では，得点を2桁にすることで『2桁のかけ算』，1万や10万にすることで『大きな数』の学習の導入にもなる。同じように得点を小数や分数，1億や1兆にすることで上学年の算数にも対応できる。また，得点をA点B点C点とすれば中学校の文字式にも利用できる。活用範囲が広い。

算数

あわせ10(てん)カップ

森岡里佳

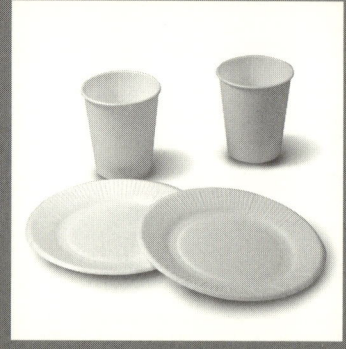

紙皿, 紙コップ

■ 活動のねらい

学習の ねらい ゲームを通して, 10の合成の定着を図る。

人間 関係力 グループで神経衰弱をすることで, 友達が引いたカップや皿にも注目し, 教え合いながら活動できる。

■ 100円グッズを使うよさ

皿とコップというセットのグッズなので, ペアが視覚的にわかりやすい。

■ 実践の記録

子どもたちの様子：ルールを確認しながら繰り返し実施すると, グループ内の連帯感が深まり,「このグループでよかった」「私も！」という声が出るようになった。

今後の発展と留意点：10の合成は, 繰り上がりのたし算・引き算の学習にもかかわる学習の基本である。年間を通じて算数の授業の導入やまとめの時間に活用できる。

■ 準備物　　コスト：合計525円（紙皿×3袋＋紙コップ×2袋）

・1グループに紙皿・紙コップ各10個（全6グループ）。

| 相互補完 | 15分 | 1年生 |

★紙コップ
・底にシールを貼り，数字を書く

★紙皿
・油性ペンで数字を書き，数に合わせて丸シールを貼る
（数量を視覚的にとらえる）

あわせ10カップの様子

活動場所：教室
活動単位：1グループ6～7人
手順とルール：①伏せて置いた紙コップと紙皿を1人1枚ずつ引き，紙皿と紙コップの数字を合わせると10になる10(てん)カップを完成させる（神経衰弱の要領）。②合わせて10にならなかった場合，紙コップと紙皿は元に戻す。
人間関係を深めるポイント：1回目終了後に作戦会議をし，どうしたらペアを見つけやすいか話し合わせる。このとき「ほかの人の数字を覚えておく」「困っていたら教え合う」などに気づかせ，協力して活動できるようにするとよい。活動終了後，教師が協力して活動したグループを学級に紹介する。
展開上のコツ：ルールが理解しやすいよう，1人1回ずつ練習する時間をとるとよい。
他学年・他教科へのアレンジ：かけ算や九九の練習で，10カップの組み合わせで出題し，答えを言うフラッシュカードとしても使える。

算数

みんなの輪(わ)なげ

森岡里佳

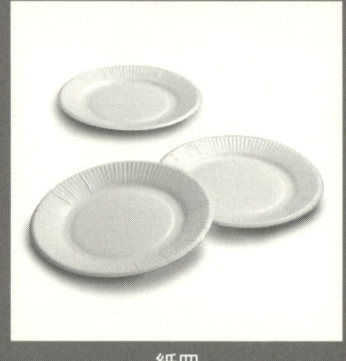

紙皿

■ 活動のねらい

学習のねらい　0を含むたし算，ひき算の意味を理解し，計算ができる。

人間関係力　①ゲームの課題解決のために，お互いに声をかけ合う過程でコミュニケーション能力を育てる。②得点の出し方を教え合い，共に計算する過程で協力体験をする。

■ 100円グッズを使うよさ

丸くて凹凸がある形を活かし，掲示物などに使うと目を引きやすい。

■ 実践の記録

子どもたちの様子：2人で「手をねらうよ」「足をあげて」と，声をかけ合い，ねらう場所を確認し合っていた。相手の子が投げる輪を，転びながらも懸命にキャッチしようとしている子もいた。

今後の発展と留意点：どこに飛ぶか予測しづらい。実態に応じ，近くから投げさせるなど配慮する。練習タイムがあると，子どもの息が合ってくる。

■ 準備物　　コスト：合計210円（紙皿×2袋）

・1組に紙皿2枚（全20組）。

協力体験 相互補完	15分	1年生	

★輪投げ

「うん！」
キャッチは1点

「次は足に行くよ！」

場所	点数
足	3
手	2
キャッチ	1
床	0

★計算

「足が3点でキャッチが1点だから…」

3＋1＝

・受けた人が式を立てる

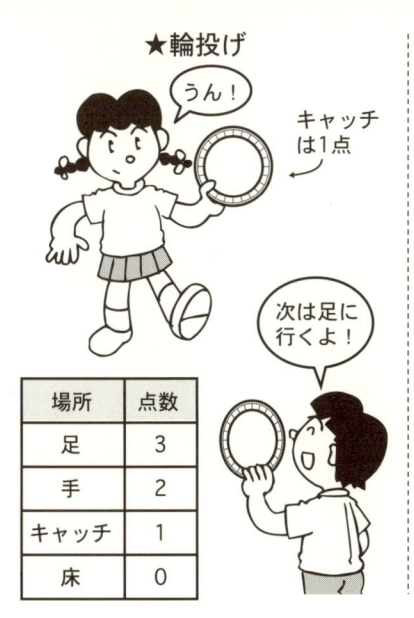

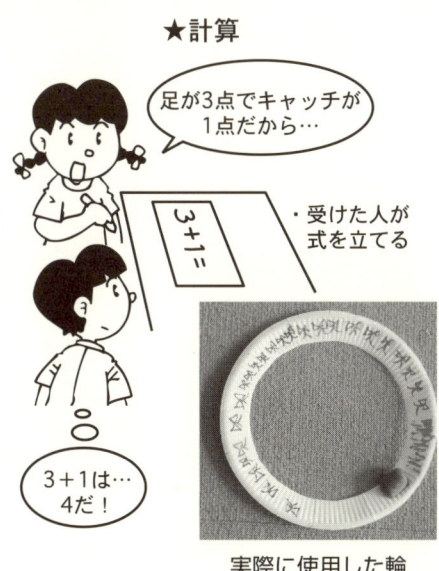

「3＋1は…4だ！」

実際に使用した輪

第2章　教科・領域に活かす100円グッズ

活動場所：教室

活動単位：2人1組

手順とルール：①2人で2枚の紙皿を用意する（中は切り抜いてある）。②投げる・受ける役割を決める。③1人が所定の位置から輪を投げ，もう1人が立って，輪を受ける。1人2回投げる。④投げ終わったら，2回の合計得点を計算する。このとき，受けた人が式を立て，投げた人が答えを出す。

人間関係を深めるポイント：得点の高さだけではなく，輪投げと計算を協力して行っているペアを評価し，学級全体に紹介する。

展開上のコツ：あらかじめ例を示し，式の立て方，計算の仕方を確認する（ワークシートがあるとよい）。適宜ペアを入れかえて，多くの子と一緒に活動させる。

他学年・他教科へのアレンジ：紙皿を3枚にすると，「3つの数の計算」になる。各場所の得点をあげると，「繰り上がりのたし算・ひき算」「大きな数」にも活用することができる。

43

理科

星はどう動く？

吉田英明・佐藤美雪（原案）

磁石セット

■ 活動のねらい

学習のねらい
①カシオペア座の動きを磁石セットを用いて予想し，説明できる。
②星座の動き方に興味をもち，観察への意欲を高める。

人間関係力
①星座の動きを予測・説明する活動を通じて，自分の考えを人に伝える力を育てる。②グループの中で話し合い，意見をまとめる過程で合意形成の力を育てる。

■ 100円グッズを使うよさ

棒磁石と鉄球の組み合わせは，自由に形を変えることができ，黒板に星座の形のまま貼り付けることができる。また，算数の図形領域の学習でも活用することができる。

■ 協力を高める指導のポイント

①磁石セットを動かしながら自分の考えをグループで発表させ，話し合わせる。②互いの考えのよさを認め合えるように助言する。

■ 準備物　　コスト：合計840円（磁石セット×8）

・1グループに磁石セット1組（全8グループ）。　その他：星座ワークシート

	活動の内容と子どもの様子（★教師の言葉かけ）	留意点・準備物
導入5分	(1) 本時のねらいをつかむ。 ★北極星を知っていますか。そして，その周りにある北斗七星やカシオペア座という名前を聞いたことがありますか。カシオペア座はなんと英語のWの形をしているのです。今日はカシオペア座の動き方について勉強します。	・生活班又は理科の学習班で学習。 ・磁石セットとワークシートを配布する。 ・磁石セット ・ワークシート（人数分）
展開37分	(2) 1時間後にカシオペア座はどのように動いているのかを予想する。 ①形はどうなっているのか。 ・形は変わらない。 ・それぞれの星がバラバラに動く（では，どのように動くのか）。 ②位置はどうなっているのか。 ・月や太陽のように時計周りで動く。 ・北極星のように動かない。 ・カシオペア座は北にあるから反時計回りかもしれない。 (3) グループで，磁石を動かしながら，各自の意見を発表する。その後，グループ内で話し合う。 (4) グループの考え（磁石）を黒板に掲示し，代表が発表する。その後，学級で話し合う。	・配布された磁石セットをカシオペア座の形にし，シートの上に置く。 ・各グループを教師が回り，それぞれの意見を大いにほめる。特に既に塾などで学習している子どもの知識より，なぜそう考えたかを説明する姿勢を大切にする。
まとめ3分	(5) まとめ ★たくさんの意見が出てすばらしかったですね。今日の夜○時頃，北の空にカシオペア座を見ることができます。どう動くのかを観察してみましょう。	・オープンエンド。観察する意欲を高める。

活動場所：教室（理科室）

活動単位：生活班・理科学習班

人間関係を深めるポイント：①各自の意見を尊重する。②日常から自由に意見が言える雰囲気づくりをしておく。特に，自分の考えや意見を自由に発表することを認め合い，間違えても認め合えるように指導する。例えば，「うんうん」「そうだね」と言いながら聞く約束をするとよい。

展開上のコツ：①教師が各グループを回り，それぞれの考えをほめる。塾などで学習済みの子どもの意見に流されないように，グループ内で「なぜそう考えたのか」を説明できるようにさせたい。②それぞれのグループで話し合ってまとめた意見を黒板に掲示し，話し合う。③少数意見も聞き，ユニークな考えを受けとめることで，この時間でもそれぞれのよさを認め合う雰囲気をつくるようにする。④「実際はどうなのだろう」と投げかけ，夜に星を観察したいという意欲を高める。

子どもたちの様子

磁石を自由に動かし，1時間後のカシオペア座の様子を表していた。

子どもたちが考えた形

黒板に貼り付け，自分の考えを磁石を動かしながら説明していた。オープンエンドだったので，星の観察への意欲を高めることができた。

実践を振り返って

磁石セットのおかげで，各自に考えをもたせることができ，よい雰囲気で話し合いが進んだ。「形が変わらない派」が優勢であったが，「どっちに動くの？」と尋ねると戸惑っていた。観察への意欲を高めることができた。なかには親子で観察をし，星の話をたくさん聞いてくる子どももいた。

今後の発展と留意点

授業を行う前にパックから出し，磁石と鉄球を一緒にして，鉄球を磁化させておくとよい（黒板の種類によってはうまく付かないことがある）。

他学年・他教科へのアレンジ

・3年生の理科「じしゃく」の学習で使える。
・算数の図形領域の学習でも活用することができる。

①正多角形が簡単につくれる。磁石セット1組では正五角形までだが，8組あれば正四十角形までつくれる。辺が多くなればなるほど，円に近づくことを実感できる。

②立方体や正四面体，三角柱などが簡単につくれる。「はこの形」を3年生で学習するが，竹ひごと粘土で立体をつくるより時間がかからない。見本として磁石セットを使って箱をつくっておくとよい。辺の数や頂点の数が一目瞭然である。

理科

磁石でチュッ！

吉田英明

磁石セット

■ 活動のねらい

学習のねらい　①磁石にN極とS極があることを知る。②同じ極同士は反発し，違う極同士は引き合うことをゲームや実験等を通して理解する。

人間関係力　①「一緒にやろう」と声をかけ，ゲームを楽しむことでコミュニケーション力を育てる。②グループ内で協力して課題を解決する。

■ 実践の記録

子どもたちの様子：子どもたちは「磁石でチュッ」と言いながらゲームを楽しみ，勝敗に一喜一憂していた。「N極同士はくっつかないよ」と言う子には「どうしてそうなるのかな？これからみんなで考えよう」と声をかけた。その後，方位磁石を使ったり，クリップをつけたりする実験に真剣に取り組んでいた。

今後の発展と留意点：合い言葉は「磁石でポン」などリズムがある別の言葉に変えてもよい。

■ 準備物　　コスト：合計840円（磁石セット×8）

・1人に棒磁石1本（全40人）。　その他：おはじき・ビー玉・S字フック等，得点を表すもの（人数分×3個）

★演習（磁石でチュッ！）　★話し合い

活動場所：教室

活動単位：ゲームは個人で行い，学習は理科学習班になる。

手順とルール：①学級全員が赤白帽子をかぶり，2チームに分かれる。②「ジャンケンポン」の要領で「磁石でチュッ」と言い，棒磁石の先をくっつけ合う。反発したら赤の勝ち，引き合ったら白の勝ち（2回目を行う場合は逆にする）。勝った子は負けた子におはじきを1個渡す。これを繰り返し，おはじきがなくなったらゲームクリア（5人クリアしたら終了）。③学習班に分かれ，「なぜ引き合ったり，反発したりするのか」を考える。④方位磁石を使ったり，クリップをつけたりする実験を行う。⑤わかったことをまとめる。

人間関係を深めるポイント：とまどっている子に声をかけ，積極的に相手を探すようにサポートする。

展開上のコツ：教師が積極的に盛り上げる。「なぜ引き合ったり，反発したりするのか」を課題として，スムーズに学習へ移行する。

生活

グルーガンで季節を彩る

森岡里佳

グルーガン

活動のねらい

学習のねらい ①季節に応じたツリーを作り，季節の変化に関心をもつ。②いつもお世話になっている6年生にプレゼントを作って，感謝の気持ちを表す。

人間関係力 ①友達と協力して，松ぼっくりツリーの飾りに使えそうな草花や実を集める。②友達のよさや，協力し合った友達のよさに気づく。

100円グッズを使うよさ

通常なら高価なグルーガンが安価で用意できる。グルースティックも複数色あり，素材や自分の表現したい色に合わせて活用できる。

協力を高める指導のポイント

松ぼっくりツリーを作るのは一人の作業になるが，作業に入る前や，作品を見合う時間に，プレゼントする6年生の好みについての情報交換する時間を多くとることで，相手を思いやるプレゼント作りができる。

準備物　　コスト：合計1890円（グルーガン×6個）

・学級全体で6個。　その他：発泡スチロール玉，ラッピングタイ，ビーズ，毛糸

協力体験　2時間　低学年

	活動の内容（★教師の言葉かけ）	留意点
導入10分	松ぼっくりツリーを6年生にプレゼントしよう (1) 公園で集めた松ぼっくりにどんな飾りをつけるかを発表する。 ・事前にペアの6年生にインタビューした，好きな色などの質問の答えを元にして，作りたいイメージを広げる。	・公園で集めたどんぐりや松ぼっくりの形や色の特徴などに注目するよう助言する。
展開60分	(2) 松ぼっくりとどんぐりに飾りをつける。 手順アリ ・100円グッズの毛糸，ラッピングタイ，ビーズ，発泡スチロール玉，グルーガンのコーナーに分かれて，松ぼっくりに飾りをつける。 ★グルーガンの先はとても熱いので直接触ってはいけません。先生の指示に従って使いましょう。 (3) 友達の作品を見て，作り方を教えてもらう。 ・作業を中断し，友達の作っている作品を見て回る。真似をしたい部分があれば，友達にコツを聞いてもよいことにする。 (4) 友達の作品作りを応援する。 ・作品ができあがった子は，まだ終わっていない子の手伝いをしたり，材料のコーナーで，必要な材料をそろえる手伝いをしたりする。	・空いているコーナーから回るよう伝える。 ・グルーガンの先は電源を切っても熱いので，直接手を触れないように指導する。 ・友達の作品のよいところや友達に教えてもらったことを子どもに聞いていく。 ・作業が進まずに困っている子がいないか確認する。
まとめ20分	(5) 作品をプレゼントする準備をする。 ・6年生に伝えるお礼の言葉を考える。 ・工夫して作ったところも言えるようにする。 (6) 作品をプレゼントしに行く。 ・松ぼっくりツリーを，6年生の教室に持って行く。	・6年生にどんな言葉をかけるとよいかを子どもと一緒に考える。 ・6年生とあらかじめ時間調整をしておく。

第2章　教科・領域に活かす100円グッズ

図中ラベル：
- ・発泡スチロール玉コーナー
- ・毛糸コーナー
- ※ビーズコーナーやラッピングタイコーナーもつくる。
- ・グルーガンコーナー
- ※グルーガンは教師が見ているところで使わせる。
- ★グルーガンの使い方
- ※周囲に気をつける。
- 先端は高温なので注意する

活動場所：教室

活動単位：1グループ6～7人

手順：①校外学習などで学区の公園に出かける際，リースや松ぼっくりツリーを作ることを子どもに知らせ，材料になりそうな葉や実を集めておくようにする。②ペア学年の6年生に，好きな色などをインタビューし，プレゼント作りのヒントにする。③自分の家からも，材料として使えそうな物を準備しておく。④松ぼっくりにビーズなどの飾りを接着する際にグルーガンで接着する方法を教え，同時にグルーガンの安全な使い方を指導する。

人間関係を深めるポイント：友達が材料をどのように工夫して使っているのかを見たり，聞いたりする時間を多くつくることで，協力し合って仕上げることができる。

展開上のコツ：事前に「早く作り終えたら，友達の手伝いをしよう」と伝えておくとよい。みんなで協力して6年生に感謝の気持ちを込めて作品づくりをさせたい。

■ 子どもたちの様子

　実践校では，1年生と6年生が1人ずつペアを組み，1年間異年齢の交流をする。いつもはお世話になることばかりで，6年生のために何かをするという機会がなかったので，子どもたちはとても張り切っていた。また，普段は自分の描いた絵や，作った物を友達に真似されるのを嫌がる子どもたちも，「どうやって作ったの？」「私も雪玉に色を塗ってみよう」と声をかけ合っていた。自分の好みではなく，6年生の好みに合わせて作品を作り，気に入ってもらえるかを気にしていた。特にグルーガンの活用は人気があり，作品の飾りをつけながら，感謝の気持ちを伝えようとしていた。

■ 実践を振り返って

　教師が側で見ていても，グルーガンの熱くなった部分に触ろうとする子がいるので，安全には十分配慮したい。飾りつけの余地が残っているのに「終わりました」と言いにくる子には，残っている材料をもっと活用するように促した。材料の活用例は多く提示しておくほうがよいと感じた。

■ 今後の発展と留意点

　グルーガンの先端は，高温になる。必ず教師が見ているところで使わせる。グルースティックの交換も低学年にはむずかしいので教師が行う必要がある。そのため，子どもたちの活動の様子を見てまわることがむずかしい。複数の教師で指導することが望ましい。季節感のない飾りにならないように，落ち葉や実などの季節を感じられる物を使用させ，学習のねらいからそれないように指導していくとよい。

■ 他学年・他教科へのアレンジ

　今回使用したグルーガン・ラッピングタイなどの100円グッズは，図工にも活用できる。100円グッズと身近な物を組み合わせることによって，ものづくりを楽しむことができる。クリスマスカードなどにグルーガンで装飾すると，字や絵が浮き上がり，オリジナルのカード作りもできる。

生活

跳んでくぐって「〇〇跳び」

森岡里佳

カラー輪ゴム・平ゴム

■ 活動のねらい

学習のねらい　①伝承遊びであるゴム跳びの遊び方を知る。②家族に教えてもらったことをもとに、みんなで楽しく新しい技を考えて遊ぶ。

人間関係力　子ども同士で跳び方を教え合ったり、くぐり方のアイデアを出し合ったりすることを通して友達とかかわることを楽しむ。

■ 100円グッズを使うよさ

安価で大量に購入でき、カラフルなので見た目で興味をひきやすい。

■ 実践の記録

子どもたちの様子：入学前に、ゴム跳びを経験している子を中心に、跳び方の手本を示したり、輪ゴムのつなげ方を教えあったりしていた。失敗しても、痛くないので意欲的に取り組んでいた。いろいろな跳び方を工夫して、自分を自由に表現できるので、のびのびと活動している姿がみられた。

今後の発展と留意点：縄跳びの真似をしている子もいた。2人で一緒に跳んだり、ゴムを2本にしてダブルダッチに挑戦することも可能である。

■ 準備物　　コスト：合計210円（カラー輪ゴム×1＋平ゴム×1）

・1グループにカラー輪ゴム・平ゴム必要量（全6グループ）。

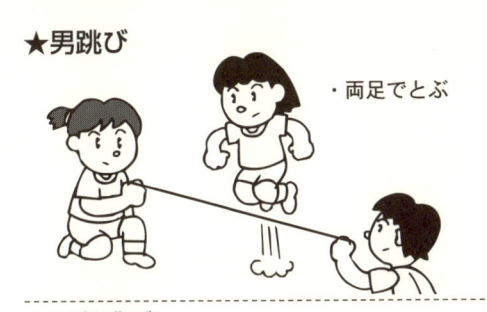

| 他者理解コミュニケーション | 45分 | 低学年 |

★男跳び
・両足でとぶ

★大の字跳び
・側転する
※ゴムは最初床に置き，徐々に高くしていく。

★忍者跳び
1. ゴムの上にとびのる
2. 後ろ向きにとんで着地する

★毛虫くぐり
・はってくぐる

活動場所：教室
活動単位：1グループ5〜6人
手順とルール：①ゴム跳びの遊び方や，どんな跳び方があるのかを確認する。②グループごとに，平ゴムで「男跳び」「忍者跳び」などに挑戦する。③カラー輪ゴムを編みながら，オリジナルの跳び方やくぐり方を考える。④グループごとに作ったゴムでオリジナルの跳び方に挑戦する。⑤ゴムの高さを変えたり，2人技・○人技・全員技などにも挑戦する。

人間関係を深めるポイント：跳んだら，グループごとに手拍子やかけ声をかけ，認め合う雰囲気をつくるとよい。活気も出る。

展開上のコツ：ゴムの持ち手は，番号順などにして決めておく。「大の字跳び」など，けがの心配がある跳び方をする子もいるので，十分なスペースを確保する。

他学年・他教科へのアレンジ：大縄などで，跳ぶタイミングがつかめない子や縄を怖がる子が使うと，抵抗感が少なく練習できる。

音楽

犬のガム太鼓

山本明子

犬のガム

■ 活動のねらい

学習のねらい　①自分で楽器を作ることにより，音への関心をより高めることができる。②リズムにのって楽器を演奏することができる。

人間関係力　①友達と協力して作り上げる楽しさを味わうことができる。②お互いが作った太鼓の音を聞き合い，よさを認め合うことができる。

■ 100円グッズを使うよさ

　変形したり，切って分けたりできるので子どもの興味をひくことができる。太鼓を作る材料として意外性があり，普通に材料を購入するより安価である。失敗をしても，また水につけるとやり直すことができる。

■ 協力を高める指導のポイント

　ガムを缶につける行程は，子ども1人の力では滑りやすく取りつけにくい。友達と声をかけ合い協力すると，太鼓が作りやすいことを伝える。

■ 準備物　　コスト：合計1575円（犬のガム大×8＋中×4＋小×3）

・1グループに大・中・小各1本（全8グループ）。　その他：油性ペン，布ガムテープ，輪ゴム。空き缶（子どもが1人1個用意）。

| | 協力体験他者理解 | 3時間 | 3年生 |

学習内容	活動概要	時間
(1) みんなで太鼓作り	・ガムを水につけて準備し，缶に絵や模様を描く。	30分
	・ガムを缶に取りつけ，太鼓を作る。 手順アリ	45分
(2) 演奏会	・グループで曲に合うリズムを考え，演奏する。	45分

	活動の内容（★教師の言葉かけ）	留意点
第1次	(1) 犬のガムをグループごとに水につけておく。 (2) 缶に油性ペンで絵や模様を描く。 (3) 太鼓を作る。 手順アリ ★グループに配られるガムの量は決まっています。グループ同士交換をしてもよいです。友達に手を貸してもらうと，とめやすいですよ。	・湯のほうが早く柔らかくなる。 ・協力して太鼓を作っているグループを取り上げる。
第2次	(1) どんな音がするか，全員の前で一人ずつたたく。 ★どのように持ったりたたいたりすると，素敵な音が出るでしょうか。 ★友達が作った太鼓は，どんな音がするでしょう。 (2) 「マンガニ，雨とおどろう」に合うリズムをグループごとに話し合って考える。 ★グループで，リズムを考えます。出来上がったら，グループごとにみんなの前で発表します。 (3) ガム太鼓を使ってグループごとに演奏をする。 (4) 1つのリズムを決め，学級全体で演奏をする。 ★みんなで協力して，一人一人が作ることができた太鼓でしたね。音も一人一人違っていましたね。さあ，最後に全員で合わせてみましょう。	・ガムの厚さや，つけ方，たたき方によって，音が違うことに気づかせる。 ・ただたたくのでなく，強弱をつけてたたくと面白いことを伝える。 ・曲の拍子に気をつけながら，歌に合わせて演奏させる。

第2章 教科・領域に活かす100円グッズ

犬のガム太鼓

↓子どもたちは協力してガムを取り付けた。

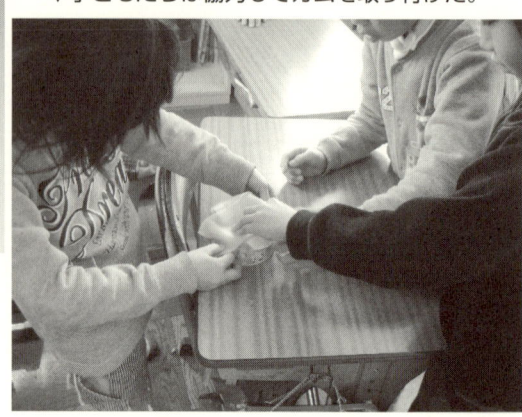

活動場所：教室
活動単位：1グループ4〜5人
手順とルール：①バケツに水を入れ，犬のガムを1晩ほどつけてふやかしておく。②缶に絵や模様を描く。缶に柄がある場合は，白の布ガムテープで缶を包み，その上に絵を描く。③準備しておいたガムの水気を拭き取り，缶の口にかぶせる。④かぶせたガムに輪ゴムをかけ固定する。風通しのよい所に1晩ほど置き，よく乾燥させる。
人間関係を深めるポイント：各グループに配られたガムの量の範囲で，お互いに話し合ったり譲り合ったりできるよう声をかける。一人がガムを使いすぎてしまうと，友達の分がなくなることを意識させる。うまく分け合えないグループがいる場合は，教師が介入して調整する。
展開上のコツ：ガムの横幅が足りない場合，ガムを交差にして重ねてもできる。アルミ缶だと，音がこもってしまう。缶詰の缶だと音が響いて望ましい。

■ 子どもたちの様子

　導入で「世界でたった1つしかない楽器を作ります」と太鼓の見本を見せると、「犬のガムで、太鼓ができるんだ」「私も作ってみたい」と興奮を隠せなかった。ガムを缶に取りつける行程では、「缶を押さえておくよ」「2人でガムを重ねていけば？」などと協力をしながら作っていた。

　ガムが乾いたあと、全員の前で一人ずつが音を鳴らして発表した。一人が鳴らし終わると、「わー、面白い音だね」「大きな音が鳴るね」などと言いながら自然に拍手がわいた。「底を持たないようにすると、音が響くよ」「手の関節のところで叩くと大きな音がするよ」とたたき方による音に違いに気づくことができた。

■ 実践を振り返って

　グループで、与えられたガムを分けるようにした。子どもたちの持ち寄った缶は、大小さまざまである。グループで分け合ったり、余ったガムを進んでほかのグループの友達に譲ったりしていて、学級全体で協力して作ることができた。また、できあがった友達の太鼓の音と自分の音を比べて楽しんでいた。音を意識して聴こうとする態度が培われたようである。

■ 今後の発展と留意点

　作った太鼓を使って、さまざまな曲に合わせることができる。今回の活動を通して、子どもたちは、音への関心が高まった。そのことを生かし、今度は犬のガムのほかにもさまざまな素材も使い、いろいろな音色の楽器作りに挑戦し、さらに音への関心を高めていきたい。

■ 他学年・他教科へのアレンジ

　余ったガムで、ペンダント作りができる。ひもを通す所は、穴開けパンチを使うとよい。

図画工作

ポリ袋でよく揚がる凧！

土田雄一

竹のランチョンマット

■ 活動のねらい

学習のねらい ①身近な素材を活用して自作の凧を作ることができる。②凧揚げのむずかしさと楽しさを味わう。

人間関係力 ①グループ内で教え合いながら，協力して凧作りをする。②凧揚げのコツを考え，お互いに教え合う。

■ 100円グッズを使うよさ

ランチョンマットは分解でき，安価で1学級分の材料を用意できる。

■ 実践の記録

子どもたちの様子：うまく作れないところを教え合って進めていた。各自が楽しみながら凧に絵を描いていた。揚げ方がわからず走り回る子もいたが，互いに教え合い，揚がると「やったー！」と喜んでいた。

今後の発展と留意点：凧の基本は左右対称である。教師のモデル説明と仕上がりの確認が必要である。傾くときは余ったビニールで尾をつける。

■ 準備物

コスト：合計315円（竹のランチョンマット×2＋ポリ袋×1）

・1人に竹ひご4本・ポリ袋1枚（全40人）。　その他：クリップ・たこ糸

| 相互補完 | 45分 | 4年以上 |

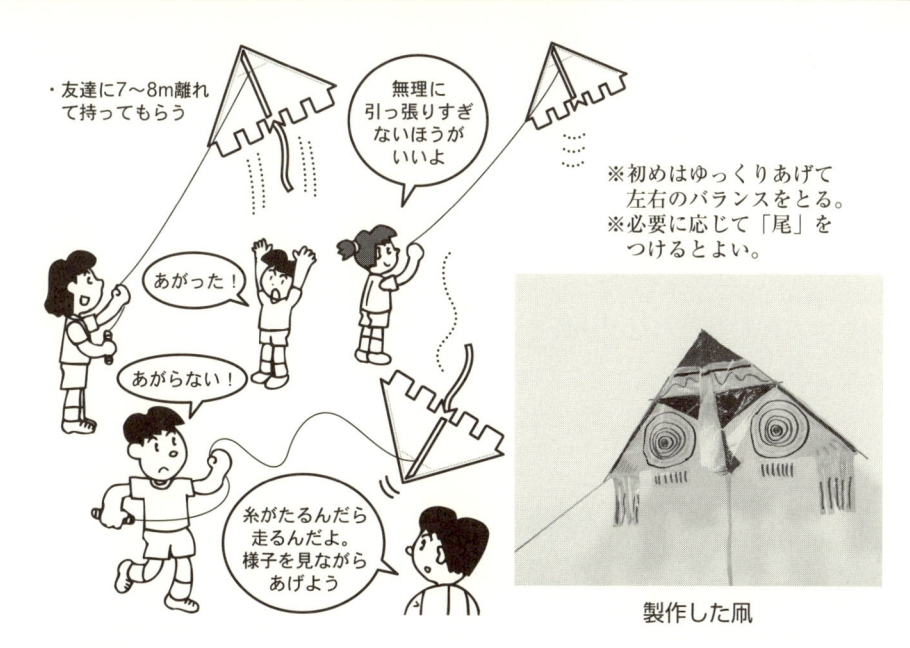

吹き出し・図中の文字：
・友達に7〜8m離れて持ってもらう
・無理に引っ張りすぎないほうがいいよ
・あがった！
・あがらない！
・糸がたるんだら走るんだよ。様子を見ながらあげよう

※初めはゆっくりあげて左右のバランスをとる。
※必要に応じて「尾」をつけるとよい。

製作した凧

第2章　教科・領域に活かす100円グッズ

活動場所：教室・校庭（体育館）
活動単位：製作は個人。1グループ4〜5人で教え合う。
手順：P.62の設計図参照。
人間関係を深めるポイント：①先にできた子は友達に声をかけ，製作の補助を進んでするように話す。②製作から凧揚げまでグループで支え合って活動することをめあてにする。
展開上のコツ：①2人組で作業すると失敗が少なく，お互いに教え合うこともできる。②達成感を味わわせるためには，教師が一度作成してつまづくポイントをチェックしておくとよい。③設計図の上と下を常に確認しながら進めると間違いが少ない。④みんなで達成感を味わうためにグループで協力して作成することをめあてとする。⑤時間があれば凧の絵のデザインを考えさせる。⑥凧揚げのとき，はさみとセロテープを用意していくとトラブル解消がしやすい。
他学年へのアレンジ：「連凧」などにも素材が活用できる。

※参考：土田雄一「高学年遊びゲームのアイデア」飯田稔・上杉賢士監修『楽しい小学校の特別活動 No.8』明治図書，1997年

凧の作り方（ゲイラカイト型）

材料：ポリ袋（横40cm・まち13cmを含む×縦48cm，厚さ0.016mm）1枚，竹ひご（長さ33cm，直径3mm）4本，ビニールパッチ2枚，ゼムクリップ1個，たこ糸1巻

道具：はさみ（よく切れるもの），油性ペン，セロハンテープ，ものさし

(1) きちんとたたんだポリ袋の①，②，③の部分を切る。

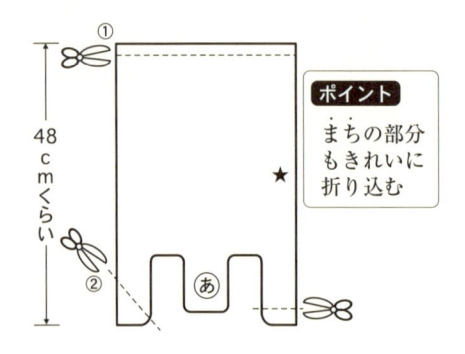

(2) 片側のまちの部分をセロハンテープで貼る（裏面にもしっかりつける）。

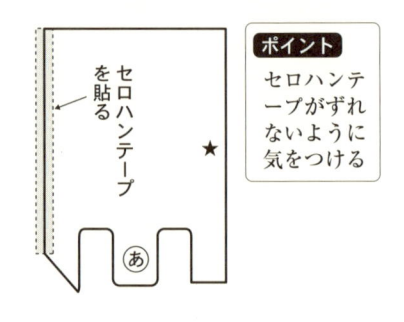

ポイント
まちの部分もきれいに折り込む

ポイント
セロハンテープがずれないように気をつける

(3) 反対側（★）のまちの部分を引き出す。

(4) AからBに直線を引き，はさみで切る。

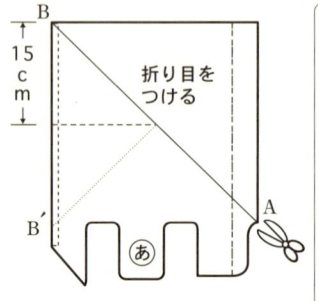

ポイント
①A-Bを結んで谷折りすると折り目がつき，切りやすい
②15cmでBをB'に折ると(6)で竹ひごが貼りやすい

(5) 重なっていたところを開き，竹ひごをセロハンテープで貼る（①，②，③）。

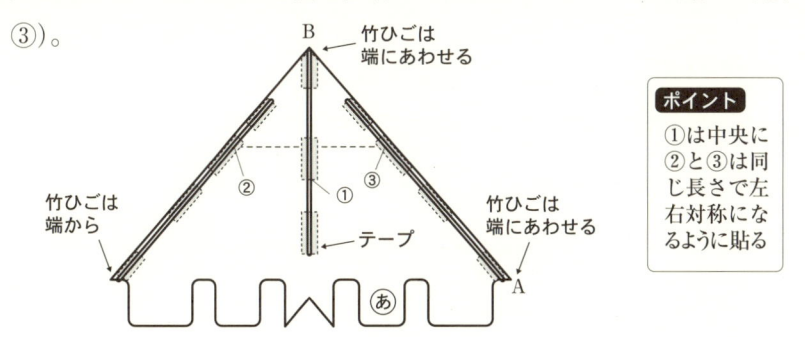

ポイント
①は中央に
②と③は同じ長さで左右対称になるように貼る

(6) ④の竹ひごをセロハンテープでとめる。中心と端をしっかりとめる。

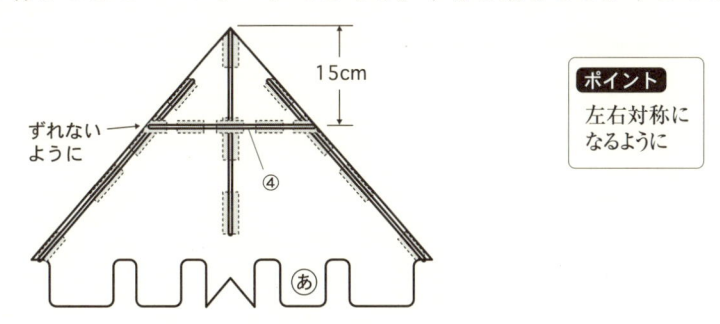

ポイント
左右対称になるように

(7) 裏返してDを中央ラインまで折り，セロハンテープでとめる。

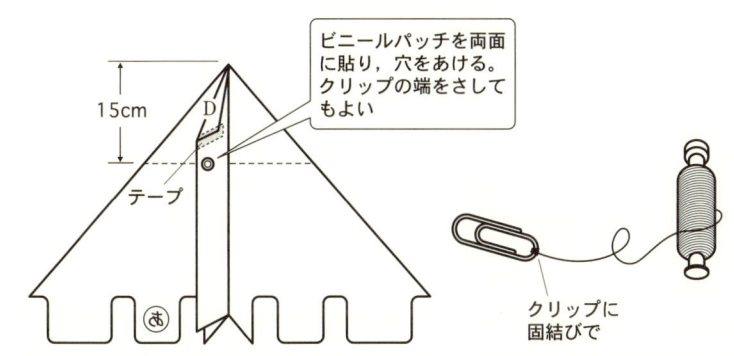

ビニールパッチを両面に貼り，穴をあける。クリップの端をさしてもよい

クリップに固結びで

ここで絵を描く。油性ペン等で書くとにじまない。糸を付ける面（竹ひごのない側）に描くように指示する。

第2章 教科・領域に活かす100円グッズ

家庭

マイ鍋でみそ汁づくり

古重奈央

ミルクパン

■ 活動のねらい

学習のねらい 手順を考えてみそ汁づくりの計画を立て，みそ汁をつくることができる。

人間関係力 ①同じ調理台を使ってみそ汁づくりをすることで，人に譲る，順番を守るなどの人間関係の基礎を学ぶ。②作ったみそ汁を試食し合うことで，互いのがんばりを認め合う。

■ 100円グッズを使うよさ

　グループごとでみそ汁を作ると，取り組みへの積極性に差が出てしまいやすい。そこで，100円グッズのミルクパンを1人1鍋用意する。これにより，自分で作るという意識が高まり，よく考えて計画を立てたり実習したりすることにつながる。技能も確実に身につけることができる。

■ 協力を高める指導のポイント

　火が通るのに時間のかかる具材の友達を優先して作業を進めるなど，共同で調理台や用具を使うなかでスムーズに進める方法を考えさせる。

■ 準備物　　コスト：合計4200円（ミルクパン×40）

・1人に1個（全40人）。　その他：だし，みそ，みそ汁の実2種

	活動の内容（★教師の言葉かけ）	留意点・準備物
導入 10分	（1）本時のねらいをつかむ。 ★今日は前回立てた計画にそって，1人1鍋のみそ汁を作ります。作るものは1人1鍋ですが，相談したり片づけを分担したりしながら，グループごとに協力して進めます。 （2）実習中の留意点について話を聞く。 ・包丁の取り扱い，食材を鍋に入れる順序，水のうちから入れて火にかける食材等について確認する。	・協力して進めることを意識させる。 ・包丁は実演して，けががないよう十分注意させる。
展開 65分	（3）各自で立てた計画に沿って1人1鍋のみそ汁を作る。 ・食材の切り方，鍋に入れる順番など，前回立てた計画を確認しながら進める。 ・準備が整った人からガスコンロを使う。 ・事前の計画で話し合っていたとおり，火が通るのに時間のかかる食材（じゃがいも，大根など）の人を優先して作業を進める。 ・みそと，みそ汁の実2種は，計画にそって子どもが持参したものを使う。 （4）グループ全員のみそ汁が仕上がったら，試食する。 ・1人2杯分作っているので，グループのなかで交換し合って試食する。 ★だしの違いやみその色の違い，実として入れた食材や切り方の違いなどに注目してみましょう。	・食材の切り方，包丁の取り扱い方，だしやみその量などを示した資料 ・時間短縮のため，火が通るのに時間がかかる食材は薄めに切ってあるか確認する。 ・手が空いたときに片づけを進められるよう声をかける。
まとめ 5分	（5）振り返り ・本時を振り返り，用紙に記述する。 ★協力して活動できましたか。みそ汁作りの手順はどうでしたか。また，友達のみそ汁はどうでしたか。	・振り返り用紙 ・ねらいに対して振り返らせる。

調理の様子

全員分を温める　　　完成したみそ汁

	活動概要	時間
1次	・グループごとに，にぼしと風味調味料の2種類のみそ汁（実なし）を作り，試食する。異なるだしを比較すると同時に，だしをとる技能を身につける。4次の実習の練習も兼ねる。	1時間
2次	・にぼしと風味調味料の包装の情報を比較し，違いを考える。	1時間
3次	・各自で「実にする食材」「食材の切り方」「鍋に入れていく順番」を考え，作りたいみそ汁の計画を立てる。	1時間
4次	・計画をもとに，個別でみそ汁を作る。 指導案アリ	2時間

人間関係を深めるポイント：自分たちのみそ汁作りを成功させようとする意識を高め，自然に教え合ったり助け合ったりさせる。また，互いのみそ汁を試食し合うことで，認め合いの場を確保する。

展開上のコツ：2杯分作らせることを，友達とかかわる契機とする。

■ 子どもたちの様子

　1人に1つ用意された鍋をうれしそうに持って，準備を進めていた。にぼしを砕いて入れていく子，大根を切ったものを水のうちから入れて火を通していく子などそれぞれの計画に沿って多様な活動が展開した。自分のみそ汁を成功させたいという思いから，わからないことや迷うことなどを自然に子ども同士で教え合うことができていた。学習後のふりかえりでも「友達が教えてくれてうれしかった」「○○ちゃんのみそ汁は，うちのとだいぶ色が違って，それもおいしかった」など，みそ汁づくりを通してのかかわりが多く記述されていた。

■ 実践を振り返って

　1人1つの鍋を持つということが，子どものみそ汁づくりへの意識を高めるのに大変有効であった。また，専用の鍋であるため，友達を待たずに自分のペースで準備でき，時間の短縮にもつながる。早く仕上がった子どもも食べる直前に再度温めることができ，全員が同時に温かいみそ汁を食べることができるのもメリットとしてあげられる。子どもは1人で作ったことで，みそ汁作りの手順を確実に理解できた。同時に，「自分でも1人で作れる」という自信につなげることもできた。

■ 今後の発展と留意点

　1人でみそ汁を作った自信から「家でも作ってみよう」「今度は実を変えてみたいな」など実践につなげようとする姿が多くみられた。家庭での実践の報告書を任意で作り，報告し合うなどの発展が考えられる。

■ 他学年・他教科へのアレンジ

　環境に配慮した調理について考える題材「エコクッキング」において，「みそ汁作りでつかったあの鍋は小さいから少しのエネルギーで沸かすことができるよ」と子どもが発想する場面がみられた。調理を環境の面から考える際にも，このミルクパンが役立つ可能性が大いにある。

体育

整列ベースボール

生井久恵

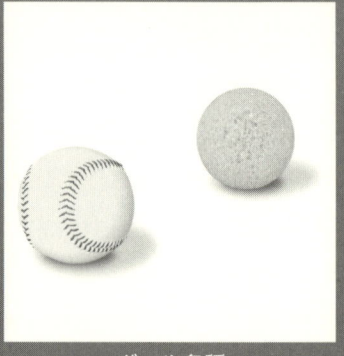

ボール各種

■ 活動のねらい

学習のねらい
①きまりを守り仲よく運動をしたり，勝敗を受け入れたりする。
②ゲームに応じた簡単な作戦を立てたりする。

人間関係力
どんな守備をするか，どんな攻撃をするかチームで話し合い，それぞれの役割を果たしながらゲームを楽しむ。

■ 100円グッズを使うよさ

ボールは安価でさまざまな種類のものを用意できるので，相手が打ちやすいボール・打ちにくいボールを作戦を立てて選ぶことができ，ゲームにバリエーションを持たせることができる。

■ 協力を高める指導のポイント

作戦会議をして，ボールの選択，守備のしかた・攻撃順などチームで話し合って決めさせる。作戦会議は途中でもう一度設け，修正させる。

■ 準備物　コスト：合計420円（ミニコーン×2＋ボール×2）

・2チームにミニコーン1組・ボール1個（全4チーム）　その他：子どもの実態によってバットに変わるようなグッズ（メガホン・テニスラケット等）を用意。

	活動の内容（★教師の言葉かけ）	留意点
導入 3分	(1) 本時のねらいをつかむ。 ★今日はチームでの協力がテーマです。協力してゲームを行います。 (2) チームづくりをする。 ・8〜10人のチームをつくる（あらかじめ決めておいてもよい）。	・「協力」というねらいを意識させる。 ・チーム力が差が出ないようにできるだけ男女混合のチームをつくる。
展開 39分	(3) 校庭にミニコーンを置き，「整列ベースボール」を行う。 手順アリ ①各チームにやり方の説明とルールの確認をする。 ②チームごとに大まかな守備位置や役割（ピッチャーは攻撃チーム，キャッチャーは守備チームにするとよい）打順などを相談させる。 ③ボールやバットを選ばせる場合は，ここで選ばせる。 ④先攻，後攻を決め「整列ベースボール」を行う。	・コーンの位置は子どもの打撃力や走力を考え，アウトやセーフがほどよく入る位置を工夫する。 ・審判は教師等がやり，公平に審判されていると子どもが実感できるようにする。 ・どちらのチームも平等に攻撃と守備が行われるようにする ・ファールやストライク，ボールなどはとらないが，必要に応じて入れてもよい。
まとめ 3分	(4) 振り返り ・本時を振り返り，協力の視点で，思ったこと気づいたことをチーム内で話し合う。 ★協力して活動できましたか。友達の言葉や動きでよかった点はどんなところですか。	・ねらいに対しての振り返りと友だちのよさを意識させる。

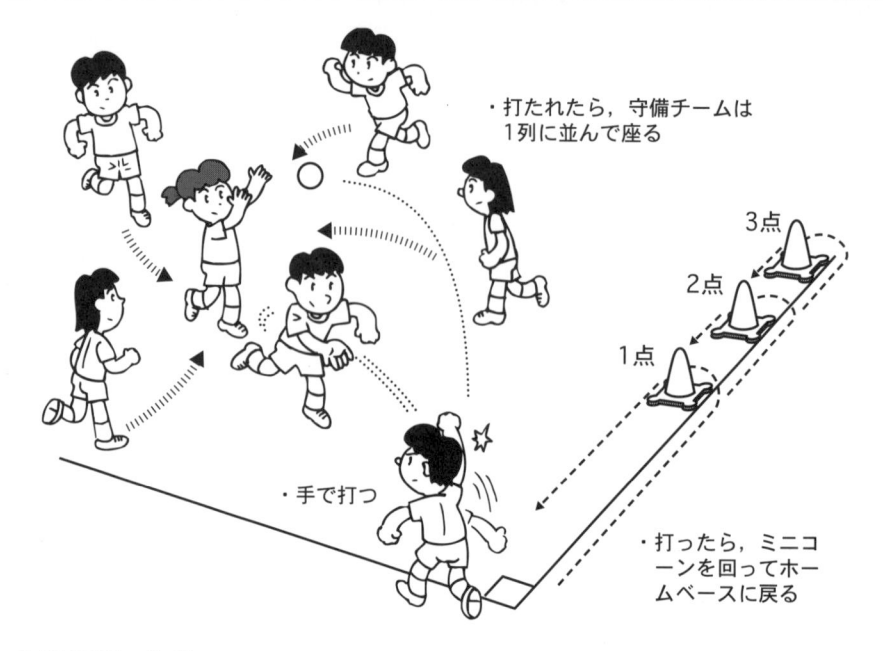

・打たれたら、守備チームは1列に並んで座る

3点
2点
1点

・手で打つ

・打ったら、ミニコーンを回ってホームベースに戻る

活動場所：校庭

活動単位：1チーム8〜10人程度

手順とルール：①ピッチャーが投げた球をバッターが打つ。②守備チームは打たれた球をとる。③守備チーム全員が球をとったメンバーの後ろに一列に並び、座る。④バッターは、守備チームが並び終える前にコーンを回ってホームベースへ返ってくる。⑤守備チームが並ぶのが早ければアウト、バッターが早ければコーンの点が攻撃チームに入る。3アウトでチェンジ。

人間関係を深めるポイント：守備チームは、肩に手を置くなどしてきちんと一列に並ばせる。すると男女が交じっていても自然に肩に手を置いて並ぶようになる。

展開上のコツ：ミニコーンの位置が遠すぎるとアウトばかり、近すぎるとセーフばかりで盛り上がらない。子どもの打撃力や走力を考えほどよい位置にミニコーンを置くようにする。

子どもたちの様子

普段は思春期の恥ずかしさから手をつなぐことにも抵抗を示す子どもたちも自然に肩に手を置いて並んでいた。また，チーム対抗でルールがはっきりしているので，チームで協力し合う雰囲気も自然に生まれ，歓声を上げながら夢中になってやっていた。

実践を振り返って

男女の共同作業がむずかしくなる5年生での実践であったが，男女が協力し合い，夢中になって活動している様子がみられた。学級内の子どもの協力する雰囲気をつくるために有効だと感じた。また，野球に似ているが，ルールが単純化されているため，野球に詳しくない子にもわかりやすく，男女ともに楽しむことができた。

今後の発展と留意点

子どもたちの実態をみて，ボールはビーチボールや布ボール，ゴムボールなどのさまざまな種類や大きさのものを用意し，子どもたちに作戦として考えさせ選ばせるようにすると，よりチームのことを考えてゲームを行う雰囲気が強まる（今回は直径10cmぐらいのボールを使用した）。さらに，可能であれば，打つ道具もさまざまなものを用意し（テニスのラケット，ビニールバットなどの100円グッズ）子どもたちに選ばせても面白い。

他学年・他教科へのアレンジ

前述のとおり，野球に似ているがルールが単純化されており，守備チームが常に全員が動くため飽きずに楽しめる。ボールの選択など複雑な設定を抜かし，ティーバッティング（投げた球を打つのではなく，ゴルフのようにティーを立ててボールを置いて打つ）などを取り入れれば3年生ぐらいから十分楽しめる。さらに，実態に応じて，ボールを打つのではなく，バッターボックスから投げた球をとって並ぶというようにすればさらに難易度は下がる。また，ボールやミニコーンはほかの活動でも使える。

体育

安全ハイジャンプ

川添幹貴

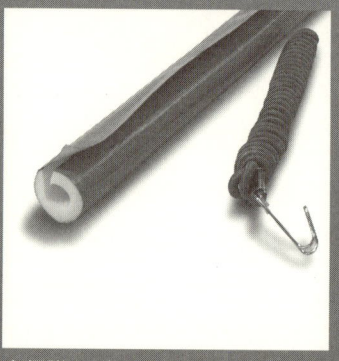

パイプ耐寒保護カバー・自転車荷台ロープ

■ 活動のねらい

学習のねらい
①自分の力に応じた目標を決め，高さやフォームに関心をもって取り組む。②自分のめあてに合った学習の場を工夫する。

人間関係力
①友達とアドバイスし合うことで，お互いの技術を高め合える。②グループ対抗にすることで，友達のがんばりを認め合える。

■ 100円グッズを使うよさ

パイプ耐寒保護カバーと自転車荷台ロープは，当たっても痛くなく，遠くからもよく見えるので，意欲的に取り組むことができる。

■ 協力を高める指導のポイント

友達の動きをよく見てアドバイスし合ったり，リズミカルに跳べている子にお手本になってもらったりして活動させる。協力し合うことが，お互いの技術の向上・グループの得点の伸びにつながることに気づかせる。

■ 準備物　コスト：合計210円（保護カバー×1＋荷台ロープ×1）

・1セットに保護カバー1本・荷台ロープ1本。セット数は各学校にある高跳び用の備品の数に応じて増減する。　その他：高跳び用スタンド・マット，判定用の鈴

| | 相互補完 | 役割遂行 | 45分 | 高学年 |

		活動の内容（★教師の言葉かけ）	留意点
導入7分		(1) 準備運動・場作り・補助運動 ・足首・膝・腰を中心に動かして，体をあたためる。 ・膝ぐらいの高さにバーを設定し，リズムよく跳べるように練習する。 (2) 自分のめあて・グループのめあてを立てる。 ・ノモグラフ（P.74参照）を使ってめあてとなる高さを決め，前時の反省をもとにフォームなどの目標を決める。 手順とルールアリ	・安全のため準備運動・補助運動にしっかりと取り組ませる。 ・前時を振り返らせ，学習カードに記入させる。
展開30分		(3) めあて1：より高く跳べるように学習の場を工夫して，自分の記録に挑戦する。 ★自分のめあてに合わせて練習方法を工夫しよう。同じグループの友達と跳んでいるところを見せ合ったり，アドバイスし合ったりするといいよ。 (4) めあて2：グループのめあてを意識しながら，ほかのグループと対抗戦をする。 ★グループ同士で対抗戦をします。記録だけでなく応援の声でもほかのグループに負けないように頑張ってください。 ・めあての記録との差から得点をつけて，グループの合計で争うようにする。	・フォームのポイントや目的にあった練習の場の工夫の仕方についての資料を用意しておく。 ・自分のめあてに向かって一生懸命練習している子や友達とアドバイスし合っている子をほめる。 ・友達をしっかり応援できるようにする。
まとめ8分		(5) 振り返り ・最初に比べて自分の記録がどのように変化したかを振り返る。 ・アドバイス・応援で，だれのどの言葉がうれしかったかなど，具体的に学習カードに記入する。 ★記録を伸ばすために，友達とどんな協力をしましたか。友達のどんなところがよかったですか。	・視点を明確にして本時を振り返り，学習カードに記録・反省できるようにさせる。 ・グループの友達のよかったところを発表できるようにする。

第2章 教科・領域に活かす100円グッズ

実際の高跳びの様子

・30cm程度に切って，はめ込む

活動場所：体育館
活動単位：1グループ5人程度
手順とルール：①各自下記のノモグラフ（0.5×身長−10×50m走記録＋120）を使ってめあての記録を決める。②目標との差から得点を決める。③試技（3回）の最高点をグループの得点に加算。総得点の多いグループが勝ち。

人間関係を深めるポイント：走り高跳びが得意な子がいるグループが勝つとは限らない。グループ全員がそれぞれがんばることで初めて勝つことができることができる。協力と応援の大切さに気づかせる。

展開上のコツ：めあての高さの低い順に並んで跳ぶ。学習カードに記録しながら進める。2グループ全員が1回目の試技を終えた後，2回目・3回目と行う。

得点	目標との差	得点	目標との差
10	20以上	5	−5〜−1
9	15〜19	4	−10〜−4
8	10〜14	3	−15〜−11
7	5〜9	2	−20〜−16
6	0〜4	1	−21以下

ノモグラフ

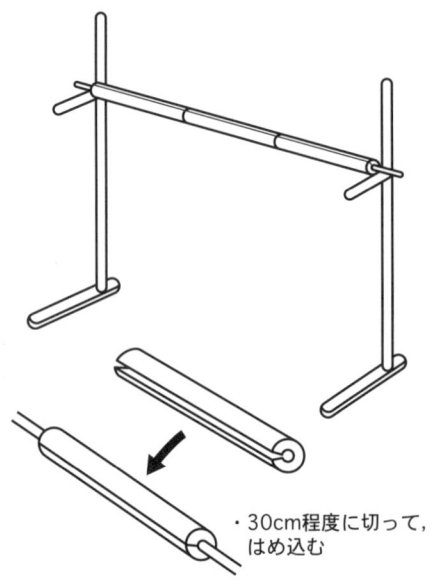

子どもたちの様子

　ノモグラフで自分自身のめあてができ，目標との差によって得点が決まるので，一人一人が意欲的に挑戦することができた。また，グループでの対抗戦として活動に取り組んだため，友達が跳べるようにアドバイスや応援をしたりできた。友達が跳べたときには，自分が跳べたかのように大きな声で喜ぶ姿がみられた。

実践を振り返って

　授業を重ねるごとに子どもたちのアドバイスが個人に合わせてより具体的になり，それとともに各自の記録も上がっていった。また，一人一人がバーの高さに意識をもって取り組むので，自分の記録をしっかりと把握し，より上のレベルに挑戦しようという意欲的な態度で臨むことができた。

　学校の実情によるが，ロープを張るスタンドやラバーマットの数が多いほどグループごとの練習ができ，一人一人が飛ぶ回数も増える。

今後の発展と留意点

　ノモグラフをもとにめあての記録を決めるので，1cm単位でのバーの調整が必要になり，試技にとても時間がかかる。バーの上げ幅だけでなく，めあての高さも5cm単位にしたほうが，時間が短縮できて練習回数が増える。また，グループ間のレベルに偏りがないように，50m走のタイムをもとに，ある程度平均的にグループ分けをする必要がある。

他学年・他教科へのアレンジ

　高跳びの練習だけでなく，膝くらいの高さにして跳び越えたり，垂直跳びのようにジャンプして触れられるかどうかの高さにしたりと，準備運動にも活用できる。また，柔らかい素材でできているという長所を生かして，鉄棒の足かけ回りのときに膝の下に当てると，けがをすることもなく，怖がらずに取り組むことができる。

道徳

一緒に遊ぼう！

松田憲子

ハンドパペット・入浴用スポンジ

■ 活動のねらい

学習のねらい　①登場人物の気持ちを通して，友達と仲よくすることの大切さに気づく。②人形を用いて動作化することで，より登場人物の気持ちに迫ることができる。

人間関係力　相手の気持ちを考えて行動することの大切さに気づく。

■ 100円グッズを使うよさ

　さまざまな人形がある。ぬいぐるみのほか，パペットや入浴用スポンジにも動物の形をした手を入れて使えるものがあるので，動作化や人形劇等に便利である。子どもが手元で操作できる。低学年では人形という対象があると心情的に登場人物に同化しやすくなり，内容理解が容易になる。

■ 指導のポイント

　資料の提示からパペットを用いて，話の中に子どもたちを引き込んでいく。パペットで動作化させ，登場人物の気持ちを考えやすくする。

■ 準備物　　コスト：合計630円（パペット×3）

・学級全体で3体使用する。

| | | コミュニケーション | 45分 | 1年生 |

	活動の内容（★教師の言葉かけ）	留意点
導入3分	(1) 友達と遊ぶ約束をするときのことを思い出す。 ★友達に「一緒に遊ぼう」と誘われたら，どうしますか？	・日常場面の友達と遊んでいる様子を思い出させ，資料に同化できるようにする。
展開35分	(2) 資料を聞き，状況をつかむ。 ★今日は友達と遊ぶ約束をするお話です（P.80資料参照）。 手順アリ (3) 登場人物の気持ちを考え，ワークシートに書いて発表する。 ★ぴょん吉君はどうして困ったのでしょう。 (4) ぴょん吉君のこのあとの行動を考える。 ★みんながぴょん吉君だったらどうしますか？ ・ぴょん吉君の行動を考えるとともに，そのときのニャン太君の気持ちも考える。 (5) みんなが楽しく遊ぶ方法を考え，ワークシートに書き，発表する。 ★みんなが笑顔になるにはどうしたらいいでしょう。 ・これまでの発表とあわせて考える。	・パペットを用いて資料を語る。 ・登場人物の関係を板書で整理する。 ・ぴょん吉君の困った気持ちをフキダシにして表す。 ・子どもたちにそれぞれのパペットを持たせて動作化させる。 ・いろいろな意見を出させる。 ・これまでに出た意見もあわせ，考えさせる。 ・発表でもパペットを用いて言わせる。
まとめ7分	(6) 友達と遊ぶときに大切なことはどんなことか，学習を振り返る。 ★みんなが友達と遊ぶときに大切なのは，どんなことでしょう。	・「みんなが楽しいと自分も楽しい」「一緒に遊ぶほうが楽しい」など，一緒に遊ぶ楽しさに気づかせる。

「ニャン太くんはうれしそうに…」

★退場時にいったん背に隠す

犬

★見えないようにつけかえて登場させる

ねこ

活動場所：教室
活動単位：学級全体
手順：①資料を読みながら，パペットを動かして内容を提示する。パペットは片手に一体ずつ持ち，それぞれの声色を工夫する。役割を交代するときは，パペットを背後に隠して退場させ，交代する。②子どもに登場人物の気持ちを考えさせ，挙手して発表させる。このときに，パペットを渡して動作化させる。③楽しく遊ぶ方法を考え，ワークシートに書かせたら，パペットを使って発表させる。

人間関係を深めるポイント：「お話ししているのは登場人物」というルールを明確にし，発表者が周りからの発言で傷つくことのないようにする。また，お互いの発言を認め合えるよう，教師から声をかける。

展開上のコツ：登場人物の3人をパペットを用いて動作化させ，なりきって台詞を言うことで，よりみんなの気持ちがよい方法はなにか，気づかせていく。

子どもたちの様子

　資料を話すところからパペットを用いた。パペットが登場したことで，子どもたちはわくわくして集中が増し，資料に引き込まれた様子だった。ぴょん吉君の困った気持ちを考える場面では，「仲よくしようよ」「仲直りした方が楽しいよ」と，いっしょに遊ぶことに抵抗があったコロちゃんを一生懸命誘うぴょん吉君の言葉がたくさん聞かれた。また，ぴょん吉君がニャン太君に遊びを断る場面を教師が演じたときには，「ニャン太君がかわいそう」「悲しそうだよ」「さびしい」といった相手の気持ちを考える言葉が子どもたちからあがった。

実践を振り返って

　子ども自身がお面をかぶって役になりきる動作化と違って，パペットでは表情は変わらない。そのため，子どもたちに「どんな顔してぴょん吉は言っているかのなあ」と問うことで，登場人物の心情を考えることができた。パペットを持つことで登場人物に変身する子ども，そこからさらにその心情を考える周りの子どもたちと，みんなで深めていくことができた。

今後の発展と留意点

　今回の登場人物は，さる・犬・ねこの3種類であるが，資料の下線部を別の設定にすると別のパペットでも使える。既存の資料も登場人物を工夫することでいろいろ応用することができ，バリエーションを広げることが可能である。動作化するときには，「パペットを持ったら，登場人物に変身」「お話ししているのは登場人物」という約束を確認しておく。

他学年・他教科へのアレンジ

　道徳だけでなく，国語の時間でも使うことができ，物語文の読解でも応用が可能である。ただし，物語文では，登場人物と同様の人形を探すことが必要となる。

■ **資料：いっしょにあそぼう！**

　さるのぴょん吉君は，犬のコロちゃんと大の仲よしです。今日も公園で一緒に遊ぶ約束をしています。

　ぴょん吉君が公園へ行く途中，ねこのニャン太君に会いました。するとニャン太君が「一緒に遊ぼう」と誘ってきました。ぴょん吉君は，「いいよ。このあと公園で遊ぶんだ。コロちゃんも一緒だよ」と答えました。ニャン太君はうれしそうに，「よかった。お母さんに言ってから公園へ行くね」と言って家に帰りました。

　一人になったぴょん吉君が公園へ向かっていると，向こうから来るコロちゃんに会いました。「ちょうどよかった。いまね，ニャン太君に会ったら，一緒に遊ぼうって誘われたんだ。だから今日はニャン太君も一緒だよ。もうすぐ来ると思うんだけど」とぴょん吉君が言うと，コロちゃんは「ええっ」とびっくりした様子です。

　「どうしたの？」と不思議に思ったぴょん吉君が聞くと，「僕，ニャン太君とこの前けんかしちゃったんだ。一緒に遊ぶの，いやだなあ……」と言いました。

　ぴょん吉君は困ってしまいました。

■ ワークシートの例

いっしょにあそぼう！

　　　　　　　　　ねん　　くみ　なまえ

◆みんながえがおになるには，どうしたらよいでしょう。

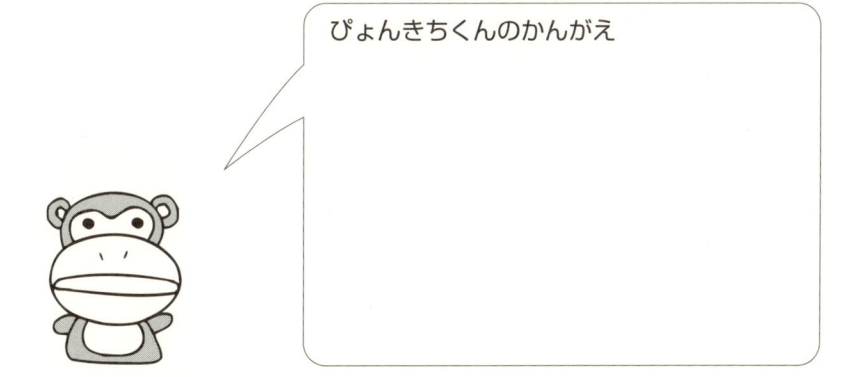

ぴょんきちくんのかんがえ

◆きょうの学しゅうで，おもったことをかきましょう。

第2章　教科・領域に活かす100円グッズ

外国語活動（英語）

お弁当カップで英単語

森岡里佳

お弁当カップ

■ 活動のねらい

学習のねらい ①1～10までの数の数え方を覚える。②お弁当カップを使った神経衰弱で，色や動物の英語の名前を覚える。

人間関係力 グループで神経衰弱を完成させることを通して，協力し合う。

■ 100円グッズを使うよさ

お弁当カップには，英単語が絵と一緒に印刷されていて，色も4色あり，子どもたちの興味を引きやすい。英単語も生活，野菜，果物，動物の4シリーズあり，身近な英単語の発音練習に活用できる。

■ 協力を高める指導のポイント

神経衰弱では，友達が取ったカップの英単語も覚えて，互いに教え合うと，グループでたくさんのカードを取れることに気づかせる。

■ 準備物
コスト：合計1155円（お弁当カップ×4＋紙コップ×3）＋（麻ひも×1＋紙皿×2＋木製ピンチ×1）

・1グループに紙コップ16個（神経衰弱：全8グループ）。1人に麻ひも適量・紙皿1枚・木製ピンチ1個（紙皿カード：全40人）

| | 協力体験 | 45分 | 低学年 |

	活動の内容	留意点
導入 10分	（1）英語で挨拶をする。 ・ハローソングを歌う。 （2）1から10の数字を英語で言う練習をする。 ・1から5の紙皿カードを配り，5人で1グループになるよう，グループづくりをする。 （①カード番号が同じ人の集まり②1～5までの人，6～10の人の集まりなど，自分のカードをもとにグループづくりをする）	・なじみのある英単語でも発音に気をつけて聞いたり，教師の真似をして言うようにさせる。
展開 25分	（3）色を表す単語の発音練習をする。 ・お弁当カップに印刷されているオレンジ・青・緑・桃色の色の名前の発音練習をする。 （4）お弁当カップを使った神経衰弱の練習をする。 　手順とルールアリ ・紙コップにお弁当カップをはめ込んだものを各グループに配り（1グループ16個程度），どんな単語があるのか，発音練習もかねて紹介する。 ・グループごとに紙コップをシャッフルする。 ・神経衰弱のやり方を説明する。 （同じ色をそろえる・同じ単語をそろえる，の2通りができる） ・1人1回程度，練習をしてから，神経衰弱をする。	・ほかに子どもが知っている色も取り上げる。 ・ペアがきちんとできるように，紙コップに入れたお弁当カップを事前に確認しておく必要がある。
まとめ 10分	（5）神経衰弱でそろった単語をグループごとに1つずつ発表する。 ・出てきた単語のカップを回収していく。 （6）紙皿カードの回収をする。 ・番号ごとに英語で呼び，使用したカードなどを集めていく。	・本時で出た単語を復習しながら，知っている単語でも，発音の違いに気をつけて言うことができたかを確認していく。

第2章　教科・領域に活かす100円グッズ

活動場所：教室

活動単位：1グループ5人

手順とルール：①5人のグループづくりをする。②お弁当カップがはめ込んである紙コップを1グループ16個ずつ配る。③紙コップを伏せて置き，お弁当カップの単語が見えないようにする。④1人1つずつコップを表に返して，連続で同じ色，または同じ単語のペアができたらそろえていく（神経衰弱の要領）。⑤全部のコップをそろえたグループの勝ちとなる。

人間関係を深めるポイント：友達の開いたコップの単語を覚えて，お互いに教え合うようにさせる。神経衰弱でそろった単語を全員で声を合わせて言い，気持ちを一つにし，連帯感を持たせる。

展開上のコツ：単語を上手に発音している子を取り上げ，紹介し，周りの子にも真似をさせる。臆せず英語を話す雰囲気をつくるために，声を合わせて発音していたグループを評価するとよい。

■ 子どもたちの様子

　首から下げている紙皿カードの数字を，神経衰弱をする順番にしたので，どの子にもだれが何番目なのかが明確であり，ルールでもめることはなかった。自分の順番ではない子が応援することで，グループが盛り上がったグループがあった。やや勝負に固執する子もみられた。

■ 実践を振り返って

　お弁当カップの神経衰弱では一人一人に英語を話す機会や考える順番が回ってくるので，声を出したり，チームのために必死になって活動に取り組んだりしている姿がみられた。

■ 今後の発展と留意点

　1年生の入門期なので，カップの色や単語を尋ねる英語表現はしなかったが，"What color is this?" "It's (pink)!" や "What is this?" "It's (bear)!" などの言い方の練習にも活用することができる。

　神経衰弱だけではなく，自分の選んだカップを持って，同じ色・単語同士で集まる演習もできる。例えば，紙皿カードの代わりに，お弁当カップをセットした紙コップを首に下げ，英語でフルーツバスケット（果物の代わりに，お弁当カップの色や英単語で分かれる）をする。

■ 他学年・他教科へのアレンジ

　紙皿カードに使用した麻ひもと木製ピンチは，ネームカード等をはさむこともできるので，カードを活用することの多い活動では，繰り返し活用することができる。

総合的な学習の時間（情報・国際理解）

100円からみえるもの

合田　実

スリランカ産のほうき

■ 活動のねらい

学習のねらい
①グループで協力して，1つのグッズからみえてくる，発展途上国の低賃金等さまざまな課題について調べる。②調べ活動を通して知った日本とつながりのある国々に興味関心をもてる。

人間関係力
①課題解決を通して互いに助け合う力を育てる。②話し合い活動から，互いの意見を尊重する力や意見を調整する力を育てる。

■ 100円グッズを使うよさ

　本来100円で買えそうもない物が，なぜ100円で買えるのかなどを考えるきっかけとできる。そこからみえてくる，流通の仕組みや社会の仕組み，日本とつながりのある国々の事情も考えることができる。

■ 協力を高める指導のポイント

　グループの発表を成功させるための調べ活動であると意識させる。自分の活動を充実させるだけでなく，困っている友達を進んで手助けすることで，グループの発表がよりよいものになると伝え，助け合う意識を高める。

■ 準備物　　コスト：合計630円（任意の100円グッズ×6）

・1グループに100円グッズ1つ（全6グループ）。

| 合意形成 役割遂行 相互補完 | 12時間 | 6年生 |

■ 全体計画

単元のねらい： ①発展途上国の様子を知り，興味関心をもつことができる。

②日本とのつながりに気づき，自分たちの「できること」を考えることができる。

単元の展開：（12時間扱い）

学習内容	活動概要	時間
(1) 単元のねらいの理解	・100円グッズがさまざまな国でつくられていることを知る。 ・単元のねらいを理解する。	1時間
(2) グループ・活動計画づくり	・調べたい商品ごとにグループ分けする。 ・計画にそって，調べる内容をグループ内で分担する。 指導案アリ	1時間
(3) 情報収集・話し合い・まとめ活動	・計画にそって各個人が調べ活動をする。 ・授業終了時にグループでつき合わせ，進み具合にそって計画を微修正する。 手順アリ	8時間
(4) 発表会	・調べた内容を学級で発表する。	1時間
(5) 振り返り	・活動を振り返り，自己評価する。	1時間

第2章 教科・領域に活かす100円グッズ

	活動の内容（★教師の言葉かけ）	留意点
導入3分	(1) 前時の流れを振り返る。 ★前回，いろいろな国で100円グッズが作られていることを勉強しましたね。あのあと，100円ショップに行って，グッズを見てきた人はいますか？ ・100円グッズを買ってきた子どもは，なぜそのグッズを持ってきたかを発表する。	・思い出しやすいように前時の100円グッズを見せる。 ・子どもたちが用意してきたものを見せ，意欲をほめる。
展開37分	(2) グッズごとにグループ分けをする。 ★それでは，どの100円グッズを調べたいかを考えたら，グループに分かれます。希望するグッズのところに集まって下さい。 ・調べたい商品ごとにグループに分かれる。 (3) 調べ活動の留意点を知る。 ★生産国については必ず調べてみましょう。特に日本とのつながりについて，いろいろな角度から考えてみましょう。 (4) まとめの形をイメージして，まとめに合わせた調べ活動の計画を立て，分担する。 ★どのようにまとめるかをイメージして，計画を立てましょう。それに合った調べ活動を考えて，調べることをグループのメンバーでで分担します。まとめる活動も含めて8時間で仕上げます。	・偏りが出ないようにすることと，調べやすいグッズを並べておく。 ・調べ活動の留意点を，黒板等に掲示して確認する。 ・ゴールをイメージさせることで，事後評価の指標にすることができる。評価しやすいように具体的に決めさせる。
まとめ5分	(5) 活動計画と分担をワークシートに書き込む。 ★最後の発表は，その商品を通してどんなことがわかったかを言うだけでなく，ストーリー性を持たせるとか，今後について考えるとか提案性のあるものにしましょう。そのためのまとめ方を考え，まとめ方にあった調べ活動をしていきましょう。	・今後の活動の目的・方法を確認する。 ・調べる活動への意欲をもたせるために，よい計画のものを紹介する。

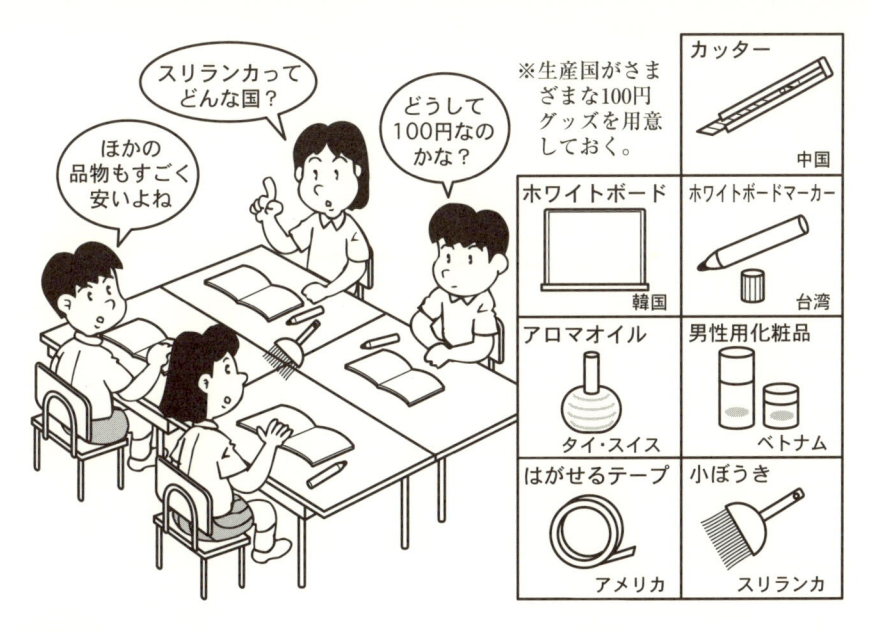

活動場所：教室

活動単位：1グループ4〜6人

手順：①いろいろな国で生産された100円グッズについて，各グループで立てた活動計画にそって調べ活動を行う。②毎時終了10分前から，各自の調査結果をつき合わせる。③進み具合に応じて，作業分担を調整する話し合いを行う。

人間関係を深めるポイント：①遅れ気味のメンバーをどうフォローするかを話し合わせ，次時までにどうしたらよいか，次時にどう動くかの計画を，簡単に立てさせる。こうして「助け合いの調べ活動」を実践させる。②話し合い活動では各自の意見を尊重することを第一とし「よりよい発表」を合い言葉に合意形成できるよう指示する。

単元展開上のコツ：①導入で，各国産の100円グッズを用意し，生産国を予想させると興味関心が高まる。②振り返りでは，発表のよさだけでなく，グループで果たした役割や，友達の新たな一面の発見等，人間関係の評価もさせる。

子どもたちの様子

　実際にショップに行き，買ってきた子が5名いた。同じ物がなぜ別々の国で生産されているのか，高価そうな物がなぜ100円で買えるのかなど，視点が広がっていった。途中，中国食品の安全問題が発生し，報道の影響が心配されたが，調べていくうちに日本になくてはならない国だと気づけたので，学習は深まったと思う。調べ・まとめ活動では同じグループでも内容や量に差が出たが，その差を埋めようと，必死に話し合いをしていた。

実践を振り返って

　ニュースやスポーツで知られている欧米ではなく，開発途上国に興味をもたせたかった。しかし「有名な国を深く調べたい」との意見も根強かった。開発途上国に興味をもたせられたが，視点の広がりを押さえてしまった感が残る。「次はサッカー王国ブラジルを調べたい」等の意見も出た。外国への興味関心の導入として本実践を位置づけ，広がりのある学習にしてもよいだろう。その場合は6年生の早い時期か，5年生の終盤に扱う。

今後の発展と留意点

　6年生最後の発表会のため，「卒業プレゼン」として位置づけた。人間関係力に力を入れたため，授業内容と友達とかかわりに関する感想は，「友達にフォローしてもらって助かった」「最後によい思い出になった」等だった。本実践は，国際理解的な視点を重視しても行える。その場合，実践する時期や学年を変え，第2弾を用意したり，万博やオリンピック等の国際イベントとリンクして行ったりするとよい。

他学年・他教科へのアレンジ

　「新商品の開発」に力点を置き，企業向けプレゼンテーションを考えるキャリア教育にもできる。流通の仕組みに力点を置くと，5年生社会科の宅配便の単元の発展として扱える。「100円でどんなことができるか」と問いかけ，開発途上国への援助等に目を向けた国際理解教育もできる。

ワークシート例（A4）

グッズを決めて計画を立てよう

　　　　　　　　　　　　　　　名前

- 調べるグッズ
- どんなことを調べるか
- 自分がすること

〈調べ＆まとめ計画〉

時	日付	やること	計画通り終わったか・感想・自己評価等
1	／		
2	／		
3	／		
4	／		
5	／		
6	／		
7	／		
8	／		

※その時間内に終わらなかったことは，責任をもってやっておきましょう。

学級活動

みんなでホールインワン

生井久恵

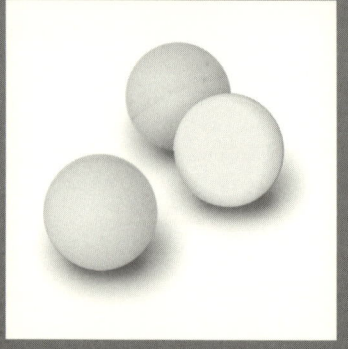

ピンポン球

■ 活動のねらい

学習の ねらい ①グループ内で協力して課題を解決する。②グループのメンバーが自分の考えを出し合い，1つのコースをつくる。

人間 関係力 ①グループ全員が力を合わせて，ピンポン球をねらったホールにコントロールすることで，協力する力を育てる。②新しいコースをつくる話し合い活動を通して，意見を調整する力を育てる。

■ 100円グッズを使うよさ

　ピンポン球は6個で100円。安価。オレンジと白の2色あり，シートの色によって選択できる。卓球をはじめ，その他の活動（流しピンポン[※1]など）にも使える。

■ 協力を高める指導のポイント

　①活動前に協力するために大切なことを意識させる。活動中は互いに声をかけ合っているグループを紹介し，意欲を高める。②振り返りの際，友達の発想に目を向けさせ，違いや工夫のよさを認め合えるよう助言する。

■ 準備物
コスト：合計210円（ピンポン球×2）

・1グループに1個（全10グループ）。　その他：新聞広告，振り返りシート。

※1：「流しピンポン」土田雄一編著『100円グッズで学級づくり』図書文化，2006年

	活動の内容（★教師の言葉かけ）	留意点・準備物
導入●分	(1) 本時のねらいをつかむ。 ★今日はグループでの協力がテーマです。協力してゲームしたり，ゲームをつくったりします。 (2) グループづくりをする（あらかじめ決めておいてもよい）。	・「協力」というねらいを意識させる。 ・4人1組のグループをつくる。
展開●分	(3) 作成済みのコースシートを使い，「みんなでホールインワン」を行う。 手順とルールアリ ①各グループにシートとピンポン球を1つずつ配り，やり方の説明とルールの確認をする。 ②4人でコースシートを持ち，実施する。 ③9ホールまでかかった時間を確認する。 (4) 自分たちでコースシートを作成する。 ・(3)で使ったシートを参考に，自分たちでコースシートを作る。 ★みんなで楽しめるシートを作りましょう。どんなコースにするか，話し合いましょう。 ・作ったシートを試しに体験してみる。 (5) シートをグループごとに交換し，時間を競う。 ★ほかのグループと交換して，それぞれのコースの面白さ，よさを体験しましょう。 ・かかったタイムとコースのよさを紹介し合う。	・子どもにデモンストレーションをさせ，やり方を説明する。 ・競争より協力を意識させる声かけをする ・グループでの話し合い活動の約束を確認をする。 ・新聞広告 ・新聞広告の紙は，さまざまな大きさ，形，厚さのものを用意しておく。 ・かかった時間を表に記録する。 ・特色のあるコースを紹介する。
	(6) 振り返り ・本時を振り返り，協力の視点で，思ったことや気づいたことをグループ内で話し合う。 ★協力して活動できましたか。友達の言葉や動きでよかった点はどんなところですか。	・振り返りシート ・ねらいに対しての振り返りと友達のよさを意識させる。

※ピンポン球だと，十円玉くらいの穴が落ちずにちょうどはまる大きさになる。十円玉で穴の輪郭をとるとよい。

活動場所：教室
活動単位：1グループ4人程度
手順とルール：

活動1 ①シートを4人で持ち，ピンポン球を4番ホール→5番ホールと順に穴に入れる。②途中で球がシートの外に出たら，1つ前のホールに球を置き再開する（4番ホールをめざしていたときに落ちたら，3番ホールに置き再開）。③シートを持つ手は移動してよいが，球に触れてはいけない。④9ホール回るまでの時間を競う。

活動2 ①新聞広告を1枚渡し，グループごとにオリジナルのコースをつくる。②できたコースを交換して行い，かかった時間を競う。

人間関係を深めるポイント：①互いにサポートしなくてはコントロールできないことに気づかせる。②各自アイデアを尊重し，グループで合意してコースを決定させる。

展開上のコツ：うまく球をコントロールできないチームには，声をかけ合ったり，持つ位置を移動させたりするとよいことを助言する。

子どもたちの様子

　グループ全員が頭を寄せ合って夢中になって行っていた。歓声や笑い声が響いた。なかには4人で立ち上がって、必死にコントロールをするグループもあった。教室の隅に座り込んで集中して行うグループも見られた。

　コースをつくる活動では、「日本一周コース」「世界一周コース」など、特色のあるコースを協力しながら楽しく作成していた。

実践を振り返って

　5年生での実践であったが、男女4人が近距離で協力し合い、夢中になって活動している様子がみられた。学級内の子どもの協力する雰囲気をつくることができた。

　休み時間に作成したシートで自主的に遊ぶ子どもたちもいた。

今後の発展と留意点

　穴の位置・大きさを工夫する。シートの、①大きさ、②材質、③形などを考えてコースをつくると面白い。シートに絵を描くこともできる。

　競争を意識させすぎずに、協力に重点を置く。協力したコースづくりでは、お互いの考えを尊重し合うように声かけをする。

他学年・他教科へのアレンジ

　ホールを番号にするのではなく、アルファベットにして、単語のコースを回すと英語活動の授業としても活用できる。ホールを県内の都市に見立て、特産物や名所などを記入したり、日本の県名を記入したりでき、社会の学習にも使える。6年では「歴史人物コース」「歴史の散歩道」など、学習のまとめとして多様な活用ができる。

学級活動

みんなでホールインワン・応用編

生井久恵

レジャーシート

■ 活動のねらい

人間関係力 ①新しいコースをつくる話し合い活動を通して，意見を調整する力を育てる。②ボールをねらったホールに入れるために，グループ全員でコントロールするゲームを通して，協力する力を育てる。

■ 100円グッズを使うよさ

防水もされており，絵を描くなどさまざまに活用できる。通常より安価。

■ 実践の記録

子どもたちの様子：すでに「みんなでホールインワン」を行っており，この活動には，はじめから意欲をみせていた。子どもたちは，本当にさまざまなアイデアを思いつき，グループで協力して作成していた。

今後の発展と留意点：シートの大きさ，形状，動かし方などさまざまな発展の可能性がある。意見のぶつかり合いがあるので，様子をみて教師が介入する。「ボディ」は体の自由がきかなくなるので，安全に注意する。

■ 準備物　　コスト：合計1260円（ボール×6＋レジャーシート×6）

・1グループにボール1個・レジャーシート1枚（全6グループ）。　その他：油性ペン，はさみ，クレヨン，セロハンテープ，両面テープ，折り紙

協力体験
合意形成
3時間
中学年以上

みんなでホールインワン・ボディの様子

活動場所：教室
活動単位：1グループ4～6人
手順とルール：
ジャンボ ①「みんなでホールインワン」と同様に，1人に1枚ずつ紙を渡し，シートのアイデアを考える。②グループごとにアイデアを出し合い，1つにまとめる。③構想に合ったシートの素材（広告や模造紙など）・ボールを選ぶ。
ボディ ①レジャーシートに，頭や手の入る穴を空け，グループでコースをつくる。②所定の位置に手や頭を入れた状態でゲームを行う。

人間関係を深めるポイント：グループの構想をまとめる際に，多数決などでまとめるのではなく，あくまでも合意形成でまとめることを強調する。

展開上のコツ：①「みんなでホールインワン」を実施してから行うとよい。②コースを複雑にしすぎると，実施するときに盛り上がらない。やったときのむずかしさより，楽しさを意識してコースを考えさせるとよい。

第2章 教科・領域に活かす100円グッズ

学級活動

がんばろうねっと！

川添幹貴

多目的ネット

■ 活動のねらい

学習のねらい　①課題を達成しようとすることで，楽しく体を動かすことができる。②自分だけでなく友達との力の加減など調整する力をつける。

人間関係力　①ネットを使ってボールを運んだり，飛ばしたりすることで協力を高める。②多様なルールや遊びを話し合いでつくれる。

■ 100円グッズを使うよさ

物をのせたり，吊したり，引っかけたり，形状を活かした活動ができる。

■ 実践の記録

子どもたちの様子：ペアの息を合わせるのに，大きな声を出し合って楽しく活動していた。慣れてくると，2人組の距離を離したり，ボールの数を増やしたりと，よりむずかしい条件に自主的に挑戦する姿がみられた。

今後の発展と留意点：「声を出さない」など条件を加えると，より相手の様子を観察し，呼吸をはかる必要が生じ，協力しようとする意欲が高まる。

■ 準備物

コスト：合計1050円（多目的ネット×10）

・1グループに1枚（全10グループ）。多目的ネットを半分（50cm×120cm程度）に切って2人で使う。　その他：ボール

| 協力体験 | 45分 | 中学年以上 |

※「がんばろうねっと！」のかけ声で飛ばす。

「がんばろうねっと！」
「がんばろうねっと！」

第2章　教科・領域に活かす100円グッズ

活動場所：体育館
活動単位：1グループ4人程度
手順とルール：①2人でネットの両端を持ち，ネットの反動でボールを飛ばす。②残る2人は息を合わせてネットでキャッチする。③慣れてきたら2人組の距離を離し，どこまで離れることができるか挑戦する。④2グループでそれぞれボールを持ち，同時に飛ばし，空中でボールを交差させてキャッチすることを最終目標にする。
人間関係を深めるポイント：①2人の息を合わせ，力を調整することでうまくいくことに気づかせる。②グループでより楽しくなるゲームを考え，話し合いで決めさせる。
展開上のコツ：無理に投げるとボールがネットに絡むので，同時に引っ張り合うと飛ばせることを強調する。1グループの人数を増やすなど，むずかしい条件に変えるとさらに意欲的に取り組める。
他学年・他教科へのアレンジ：低学年では，ネットにボールをのせてリレーをしても楽しめる。

※参考：全国いつでもチャレンジ・ザ・ゲーム大会推進本部編『チャレンジ・ザ・ゲームルールガイド2005-2006年度版』日本レクリエーション協会，2005年

学級活動

スリッパリレー

吉田英明

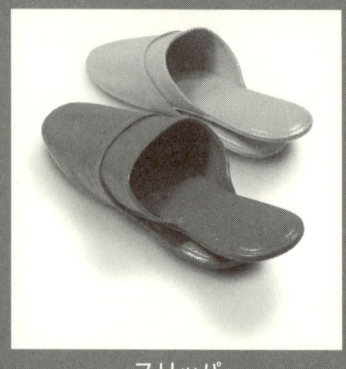

スリッパ

■ 活動のねらい

学習の ねらい ①スリッパリレーを楽しみながら,グループで協力するよさを学ぶ。②作戦会議で互いの役割を確認し合い,仲間意識を高める。

人間 関係力 ①作戦会議で意見を述べたり,意見の調整をしたりする力を育てる。②だれとでも触れ合い,応援し合い,親近感を高める。

■ 100円グッズを使うよさ

色・柄・サイズなどさまざまな種類があり,発想を刺激しやすい。

■ 実践の記録

子どもたちの様子：最初は隣の友達との距離があったので,うまくいかず時間がかかっていた。作戦会議を行うごとに友達との距離もタイムも縮まっていった。肩や腕を組んでリレーにのぞむグループをほめたところ,ほかのグループも真似をして楽しく取り組んでいた。

今後の発展と留意点：グループづくりのゲーム後に実施するなど,ほかのエクササイズと組み合わせると作戦会議がしやすくなり効果的である。

■ 準備物　　コスト：合計630円（スリッパ×6）

・1グループにスリッパ1足（全6グループ）。

| 合意形成・協力体験 | 20分 | 全学年 |

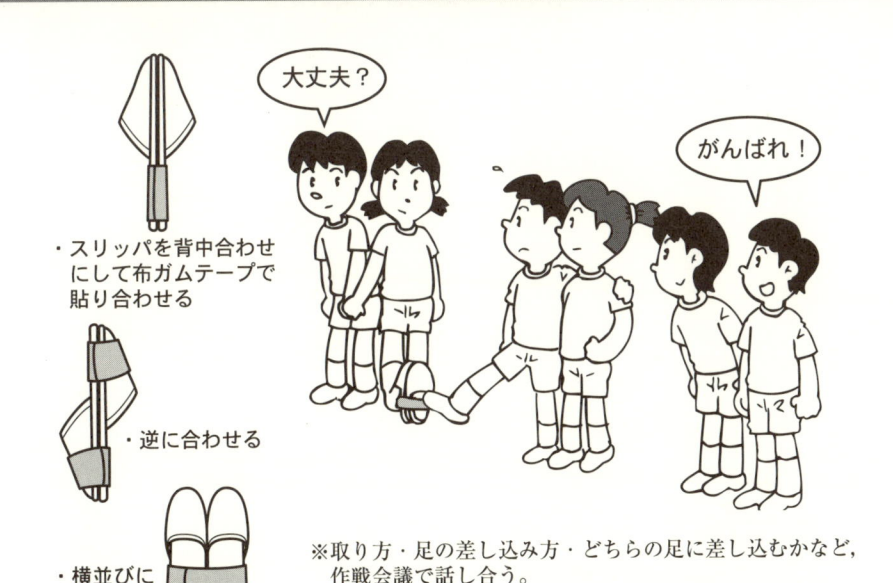

・スリッパを背中合わせにして布ガムテープで貼り合わせる

・逆に合わせる

・横並びにする

「大丈夫？」　「がんばれ！」

※取り方・足の差し込み方・どちらの足に差し込むかなど，作戦会議で話し合う。
※左のようにスリッパの形を変えると，難易度が変わる。

第2章　教科・領域に活かす100円グッズ

活動場所：教室，体育館など

活動単位：1グループ6～8人

手順とルール：①各グループ一列に並び，一番の人が右足にスリッパをはく。②スタートの合図で，スリッパを足から足へリレーする。手を使ってはいけない。スリッパが落ちたら，そこから再開。③早く最後の人までリレーできたチームの勝ち。※左端まで行ったら，往復するルールでもよい（その場合，左端まで来たら全体が回れ右をすると，スムーズに進行する）。

人間関係を深めるポイント：①何度も行って，勝つにはどうすればいいのかを考えさせる。②だれとでも触れ合い，楽しくゲームを行っているグループをほめる。

展開上のコツ：男女交互に並ぶように指示する。リレー→作戦会議とリズムよく繰り返すとゲームに対する意欲や身体接触度が高まる。

他学年・他教科へのアレンジ：逆さに貼り付けたスリッパを利用してリレーをしたり，二人三脚をしたりすることができる。

学級活動

ヘリウムチェーン

森　美香

プラチェーン

■ 活動のねらい

人間関係力
①全員で安定させながら下げることで，協力し合う力を育てる。
②自分の意見を伝え，友達の意見をよく聞く力を育てる。

■ 100円グッズを使うよさ

16個で100円と安価。ピンクや黄色，赤や青，紫などの色があり，色を利用した演習も可能。プラスチックなので軽く，柔らかく，安全である。

■ 実践の記録

子どもたちの様子：チェーンの数を減らしていくとうまく下げられなくなる。失敗続きだったグループが「ゆっくり，数を数えて！」と声をかけ合い，ようやく成功したときには歓声が上がり，うれしそうな笑顔を見ることができた。

今後の発展と留意点：人数を増やし，ランダムにグループを構成することで難易度を上げ，異なる仲間とふれ合わせる。また，言葉を使わず行わせ，協力を高めさせる。

■ 準備物　　コスト：合計735円（プラチェーン×7）

・1人に2〜3個（全40人）。

| 協力体験合意形成 | 15分 | 全学年 |

①目線の高さのところで、全員の指の上にチェーンを乗せる

②全員の指が触れた状態で床まで下げる

※むずかしい場合は、膝の高さまででもよい。

活動場所：教室など
活動単位：1グループ6人程度
手順：

[活動1] ①1人3個ずつ配布したプラチェーンで輪を作る。②輪を取り囲むようにグループのメンバーで円をつくる。③それぞれ指1本ずつをチェーンの輪の下に差し込み、目線の高さから床まで下げられたら、成功。

[活動2] 成功したら、1つずつチェーンを減らして輪を小さくする。できるところまで挑戦する。

ルール：①指1本だけを使う。②指はチェーンに触れるだけ、握ってはいけない。③最後まで全員の指が触れていること。

人間関係を深めるポイント：難易度を上げていき、協力の必要性を高める。作戦会議をさせ、成功するには、互いの考えを尊重することが大切であることに気づかせる。

展開上のコツ：うまくできないグループにはあわてず、ゆっくり下げるよう助言し、成功体験をさせる。

※本実践は、「ヘリウムスティック」（プロジェクトアドベンチャージャパン監修、諸澄敏之編著『みんなのPA系ゲーム243』杏林書院、2005年）を参考に作成した。

ミニアイデア① 朝自習で活用する（高学年以上）

朝トレ

合田　実

■ 100円グッズを使うよさ

　記憶力・推理力など，バラエティーに富んでいる。学級の人数分用意すればさまざまな問題にふれることができ，自分の得意分野を発見することもできる。また，ドリルを譲り合ったり，教え合ったりすることで，人間関係力を育てる朝自習の時間を演出できる。

■ 準備物
コスト：合計4200円（頭脳活性ドリルシリーズ×40）

　1人にドリル1冊（全40人）。ページの余白に名前の記入欄を作る。

■ 活動の進め方

活動場所：教室

活動単位：原則個人，助け合い可

手順とルール：①所定の場所から，今日やりたいドリルを選んで持って行く。②1ページだけ進めて，自分で答え合わせをし，間違いは正しい答えに直す。③解答ページの空欄に，自分の名前やマークを記入し，所定の位置に返却する。

人間関係を深めるポイント：ドリルはお互い譲り合って使うこと，前の人に，ほかにはどんなドリルをやったか・わからないときどうするかのコツを聞くと，自分一人では思いつかない分野まで発想が広がることを伝える。

展開上のコツ：お互いの情報交換を促し，友達と協同して学習を進める楽しさを味わわせる。個別の記録表を用意して，どのドリルをやってきたかを書かせると，学習の足跡を振り返ることができる。

他教科へのアレンジ：音読や漢字ドリルは国語の復習，計算力ドリルは算数の復習に，そのほかは学活などにも使用できる。

第3章
個別指導に活かす100円グッズ

特別支援教育

すごろくをつくろう

座間伸江

お店屋さんシール

■ 活動のねらい

学習のねらい　①すごろくで遊びながらお店屋さんでの買い物の仕方を知る。②ルールに従って活動することで，順番を守ることを学ぶ。

人間関係力　①友人とふれ合うことでコミュニケーションスキルを身につける。②楽しく協力して活動する。

■ 100円グッズを使うよさ

　安価で，カラフルなので通常の教材と違い，子どもの興味をひくことができる。シールなので絵を切って貼る，などの作業が困難な子どもでも扱いやすく，自分なりに工夫しやすい。見た目の仕上がりがよい。

■ 協力を高める指導のポイント

　友達の作ったすごろくのいいところを考えながらゲームをするように声かけをする。順番やルールを守って遊ぶことの楽しさを感じさせるために，必要に応じて教師が介入する。

■ 準備物　　コスト：1人105円（お店屋さんシール×1）

・1人にお店屋さんシール1組。コストは人数によって増減。　その他：つや紙・油性ペン（人数分），矢印型など変わった形のふせん・丸シール

| | 協力体験 | 45分 | 特別支援対象児童 |

	活動の内容（★教師の言葉かけ）	留意点
導入 10分	(1) お店屋さんで売っているものを発表する。 ★どんなお店屋さんを知っていますか。 ・「本屋」「おもちゃ屋」などの店の種類をあげる。 ★そのお店屋さんにはどんなものが売っていますか。 ・シールの品物を，売っているお店に分類する。 (2) 品物シールを見てその名前をあてる。 ・シールを見て，その名前をノートに書く。 ★品物の名前を言ってみましょう。	・売っている品物がわからなければシールの絵を見せる。名前がわからなければ教える。 ・言葉カードとマッチングさせる。ノートに書くなど，その子に合った方法で行う。
展開 30分	(3) お店屋さんごとに仲間分けをする。 ・台紙の正しい場所にシールを貼る。 (4) すごろくをつくる。 手順とルールアリ ・お店に入ってから出て行くまでをすごろくにする。 ・お店の並べ方，スタートとゴールなどを考えて，大きなつや紙の台紙に，店ごとに間隔を空けて貼る（つや紙は間違っても貼り直すことができる）。 ・間にシールやふせんを貼って，1～ゴールまでの数字を書く。 ・すごろくのところどころ，子どもと相談しながら「アイスクリームとデコレーションケーキを買うと全部でいくら？」など，問題を付け足す。 (5) すごろくで遊ぶ。 ★順番を守って友達と楽しくすごろくをしましょう。 ・順番を守る。楽しく活動するをめあてにする。	・どんなすごろくをつくりたいのかを考えさせ，シールを貼らせる。 ・問題が適当であるかを考えさせる。 ・問題が読みにくいものはわかりやすく書き直しをさせる。 ・途中までであっても1回はすごろくで遊ぶ。
まとめ 5分	(6) つくったすごろくの感想を話す。 ★自分のつくったすごろくは，楽しかったですか。 ★もっと楽しいすごろくにするにはどんな問題を付け足したいですか。 ★次はもっと楽しいすごろくをつくりましょう。	・自分のつくったすごろくの感想を聞き，次回のすごろく改良の意欲につなげる。

第3章　個別指導に活かす100円グッズ

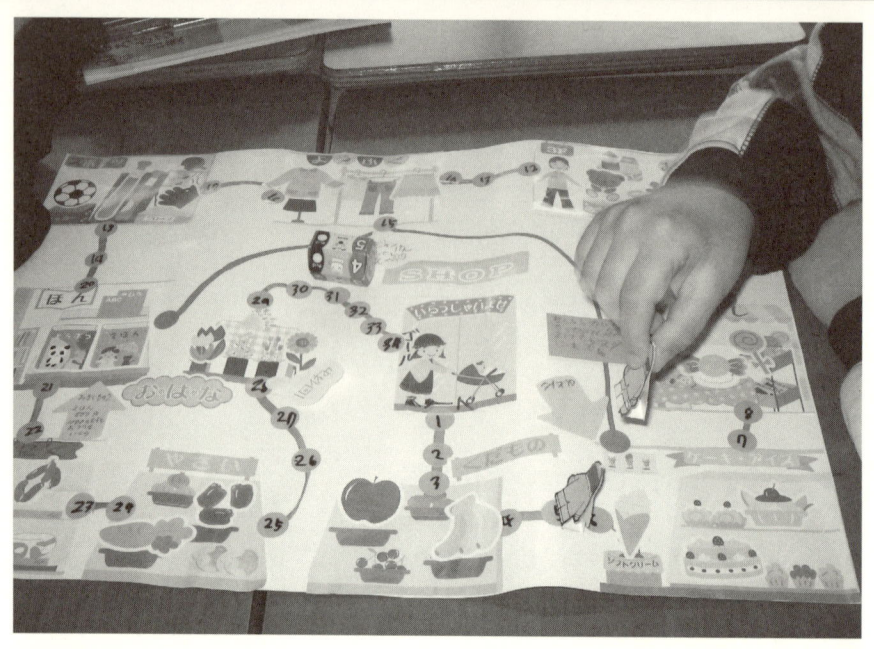

活動場所：特別支援教室

活動単位：子どもの実態に即してグループ指導（1グループ3〜4人）または，個別指導を行う。

手順とルール：①シールを貼ってすごろくの下地を作る。②すごろくに必要な問題を考え，付け足す。③つくったすごろくで遊ぶ。止まったところの指示に従って楽しく遊ぶ。④すごろくの改良点を考え，話し合う。

人間関係を深めるポイント：自分のつくったすごろくだけでなく，友達のつくったすごろくでも一緒に楽しむ。トラブルが置きそうなグループには教師が入り，調整をしながら楽しく活動できるようにする。友達のすごろくのよいところに気づかせるように，「これ面白いね」など声かけをする。

展開上のコツ：子どもの反応をみながら問題を付け足してもよい。コマを進める順番の数字を書くだけでも楽しめる。必要に応じて，教師が助言したり，問題の内容の確認したりするとよい。

■ 子どもたちの様子

　お店屋さんシールを見て，意欲をかき立てられたようである。すごろくをつくる段階では，もう意欲満々であった。まず，シールを貼ってから，問題を考えさせたのでやりやすそうだった。1回すごろくで遊んでから，また問題を付け加える子どもも多かった。自分が遊ぶだけでなく友達にも遊んでもらいたがったり，友達のつくったすごろくで遊びたがったりしていた。人とかかわろうとする姿がみられた。

■ 実践を振り返って

　子どもにとって興味のある教材である。絵もきれいで，すごろくの問題も出しやすい。はさみで切ったり，のりで貼ったりする作業が苦手な子どもでも容易に作業ができ，仕上がりもきれいでわかりやすいので，自分のすごろくの仕上がりにどの子どもも満足げであった。

■ 今後の発展と留意点

　今回は個別指導で「すごろくづくり」を行ったが，グループ指導でも充分活用できる。グループでお店を分担して，あとで組み合わせて大きなすごろくにしてもよい。「動物園シール」などほかのパターンにも応用できる。問題づくりは「シールを貼って数字を書くだけ」の簡単なものから，「お店で買い物して，計算して，お店を出るまで」のむずかしいものをすごろくにするなど，子どもの実態に合わせた問題で設定できる。

■ 他学年・他教科へのアレンジ

　「お店屋さんシール」は，生活科の買い物の学習でも活用できる。ほかに，問題を「バナナ1本とリンゴ3個でいくら？」のようにすると，算数の学習にも応用できる。3年生の社会科の「ぼくの町わたしの町」にも活用できる。

特別支援教育

ラッピングタイ遊び

座間伸江

ラッピングタイ

■ 活動のねらい

学習のねらい：ラッピングタイを使って，いろいろな形を作りながら，ねじる・巻くなどのなどの手先の訓練をする。

人間関係力：作り方を教えてもらうことで，コミュニケーションの機会をもつ。友達と自分の作品の違いに注目させ他者への興味をもたせる。

■ 100円グッズを使うよさ

複数色あり，1袋で大量に購入できる。細かな作業が苦手な子も使える。

■ 実践の記録

子どもたちの様子：リースの飾り作りは，特別支援の子どもにはむずかしい作業だが，タイを使うことで楽に飾りを取りつけることができた。子どもたちは，動かすうちに，予期しない面白い形を作って喜んでいた。

今後の発展と留意点：リースや飾りの作成をもとに「クリスマス会」や「お楽しみ会」などを行い人間関係を促進する場とするとよい。部材を口に入れたりすることもあるので安全に注意する。

■ 準備物　　コスト：1人105円（ラッピングタイ×1）

・全体でラッピングタイ1袋。　その他：木のつる，リボン，鈴等。

| コミュニケーション | 45分 | 特別支援対象児童 |

リースを作る

ラッピングタイで作った指輪

リースの完成品

活動場所：特別支援教室

活動単位：実態に応じて個別指導またはグループ指導

手順とルール：①木のつるなどでリースを作る。②形がくずれないようにリースのところどころをラッピングタイで留める。③ラッピングタイをねじってつなげたり，鉛筆に巻いてらせん状にして立体的にする方法を知る。④リースに飾りを取り付ける。⑤リースに飾りたい物は，用意した物のほかに子ども自身に用意させてもよい。

人間関係を深めるポイント：途中で，友達に作り方を教えてもらったり，自分の作った物を友達に教えてあげたりする時間をつくる。

展開上のコツ：作品作りが進まない子には具体的な見本を提示して，好みに近いものを作らせると作業がしやすくなる。

他学年・他教科へのアレンジ：ラッピングタイは，図工でのブローチや飾り作り，生活科のお店屋さんごっこの商品作りなど，いろいろな場面で使用できる。

第3章 個別指導に活かす100円グッズ

教育相談

居心地のよい空間づくり

本島亜矢子

クリアポケット

■ 活用のしかた
　保健室で子どもたちと話しながら折り紙や切り紙をすることがある。完成作品をこのグッズに入れて保管しておくと，子どもたちに好評で会話がはずむ。ユニークな手ぬぐいなどを入れておくと，何となく来室した子や付き添いで来た子との会話の糸口にでき，関係づくりにも役立つ。

■ このグッズのよさ
　保健室，適応指導教室等の掲示や飾りに活用できる。中身の入れかえができ，変化を楽しめる。作品をきれいに保管でき，安価で気軽に使える。

■ 子どもたちの様子
　「きれい！だれが作ったの？」「器用だなあ，すごいね」「あ，私のだ！」という声が聞かれる。「魚偏の漢字手ぬぐい」を見て「何ですか？これ？」「この漢字知ってる！」「これ欲しい！」等，子どもは変化によく気がつき，興味を覚える。会話のきっかけをつくりやすくなった。

■ 準備物　　　コスト：合計315円（クリアポケット×3種類×1）
・状況に応じて増減。

活用場所：保健室，適応指導教室
手順：①掲示や作品保管に
切り紙や折り紙など子どもの作品をクリアポケットに入れる。いろどりを考えて数種類入れるとカラフルで見ばえがよい。壁に貼ったり机上に置いたりする。
②テーブルクロスに
クリアポケットに紙ナプキンを何種類か折ったり重ねたりして入れる。写真やイラスト，切抜きなどを入れてもきれいでよい。
③折り紙・切り紙手本等の提示に
折り紙や切り紙の作り方の手順を書いたシートを入れてパンチで穴をあけ，リングに通す。
④手ぬぐいを飾る
手ぬぐいをたたんでクリアポケットに入れ，冷蔵庫などに飾る。

活動のポイント：用意したクリアポケットは，壁に掲示したり，机に置いておいたりして，子どもたちが自由に見られるようにしておく。子どもがいやすい空間をつくっておき，相談しやすい雰囲気や会話のきっかけをつくる。

教育相談

なぞなぞおみくじ

本島亜矢子

お弁当カップ

■ 活用のしかた
容器に入れておき，興味をもった子どもが好きなときにひけるようにしておく。来室した子どもたちとの会話のきっかけづくりに活用できる。

■ このグッズのよさ
なぞなぞは簡単だが種類が多い。色と形が目をひき，子どもたちの興味をひきやすい。保健室，適応指導教室，学級で活用できる。

■ 子どもたちの様子
「元気が出るおみくじ」[※1]と並べて置いている。子どもたちはそれをひいたあと，ちょっと変な形のおみくじに気がつく。問題を読み「なぞなぞ？」「簡単じゃん！」と言いつつもまじめに考え，答えを見つけ「なーんだ」「ああ，なるほど」と笑顔をみせる。子ども同士がおみくじを見せ合って笑っていることも多く，和やかな雰囲気になる。「こういう保健室いいね」と言う子もいる。場を明るくする，ちょっと元気が出るアイテム。

■ 準備物
コスト：合計315円（お弁当カップ×1＋ジャンボストロー×1＋アクリル製容器×1）

・状況に応じて増減。

※1：本島亜矢子「元気が出るおみくじ」土田雄一編著『100円グッズで学級づくり』図書文化，2006年

①広げて丸める
この部分に問題が書いてある
答え

②両側からストローを通す

あ，わかった！
何だろう？
わかるかな？

第3章　個別指導に活かす100円グッズ

活動場所：保健室，適応指導教室
手順：①カップの部分のしわをのばすように広げ，クイズの問題の部分を残して筒状に巻く。②筒状に巻いた両端に1〜2cm程度にカットしたストローを通す。③透明な容器に入れて置くと子どもたちの目を引く。④読み終わったら，巻き直して元の容器に入れる。
活動のポイント：「なぞなぞおみくじ」の容器はさりげなく，子どもたちの目につくところに置いておく。子どもが関心を示しておみくじを引いたとき「結構むずかしいのもあるよ」と声をかけて好奇心を刺激する。なぞなぞに正解できたかよりも，答えをきっかけにさまざまな話ができることが多い。

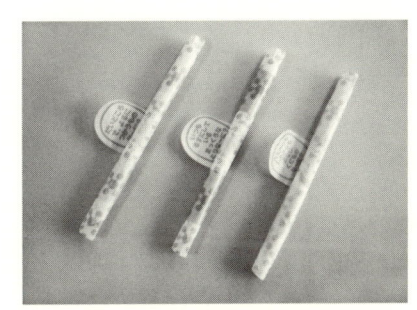

なぞなぞおみくじ（巻いたもの）

適応指導

紙コップツリーゲーム

髙井健太郎

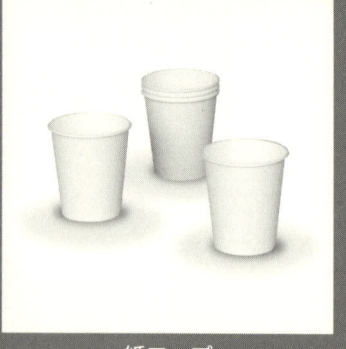

紙コップ

活動のねらい

人間関係力　目標に向かってゲームを進めることでチームの一体感や協力することのよさを体験することができる。チームがよい成績をあげるために，協力し合うことができる。

100円グッズを使うよさ

安価で多量に購入できる。積み上げても崩れにくく，数えやすい。

実践の記録

子どもたちの様子：チーム対抗の演習なので，各チームの一体感が感じられ，笑いが自然に出た。チームごとに独自の作戦を練るなど，作戦会議の時間を有効に使うチームもみられた。全体が演習前より元気になった。

今後の発展と留意点：ルールを変えて難易度を上げると，作戦会議の効果が上がる。ツリーゲームで，重ねた紙コップの数で得点を出す・回収ゲームで，隣のチームの紙コップだけを回収する，などが考えられる。

準備物

コスト：3チーム420円（紙コップ大×1＋紙コップ×3）

・3チームに紙コップ大8個・各チームに紙コップ45個。コストは1チームごとに105円ずつ増減する。　その他：ストップウォッチ

相互補完体験 / 20〜30分 / (異年齢)全学年

・土台は3チームで8個，4チームで11個

※ツリーゲームでは，紙コップ大の土台に，自分のチームの色が上になるように積んでいく。

※回収ゲームでは，ほかのチームの色のコップを回収していく。

第3章　個別指導に活かす100円グッズ

活動場所：適応指導教室
活動単位：1チーム5〜7人
手順とルール：

[紙コップツリーゲーム] ①チーム分けをし，順番を決める。②順に，自分のチームの色の紙コップを1つ持ち，好きなツリー（伏せた紙コップ大）にかぶせる。③次の人にタッチして交代。④終了時にツリーの1番上にチームの色の紙コップがのっている数が多いチームの勝ち（制限時間1分）。ほかのチームが置いた紙コップの上から自分のチームの紙コップをかぶせると，下敷きになった紙コップは得点にならない。

[紙コップ回収ゲーム] ツリーから他チームの紙コップを回収してくる（制限時間1分）。終了時に回収できた紙コップの数が多いチームの勝ち。

人間関係を深めるポイント：各ゲームの前後に作戦会議をし，どうすれば得点をあげられるかを話し合わせると，各チームがより協力してゲームを進めるようになる。

適応指導

私はだれでしょう？

重　歩美

アイマスク

■ 活動のねらい

人間関係力 自分の思いを相手に伝え，相手の話を聞き取る力を育てる。協力体験をすることで，他者に対して信頼感を抱くことができる。

■ 100円グッズを使うよさ

通常より安価。外れにくく，動きがある活動でも安心して使える。

■ 実践の記録

子どもたちの様子：グループごとに非言語での意思伝達を行うことで，より盛り上がりをみせていた。回答者に指示を出す際も，メンバー同士，どうしたら伝わるのか協力して試行錯誤している様子だった。

今後の発展と留意点：トランプのイラストを活用し，当てるゲームもできる（ひいたカードが「よ（ようふく）」のとき「この人服のセンスいいよね」というヒントで，だれのことか当てる。思いつかなければパスあり）。留意点として「マイナスイメージの表現をしない」約束にする。

■ 準備物　　コスト：1グループ210円（アイマスク×1＋ひらがなトランプ×1）

・コストはグループ数に応じて増減。

活動場所：適応指導教室

活動単位：1グループ5人

手順とルール：①好きな食べ物，色など，各グループでお題を設定し，「みんなの好きな○○を当てるクイズをします」で開始。②回答者はアイマスクを装着。③残り4人はだれのことを当てさせるか回答者にわからないように決める。④その人の「好きな○○」の○○のひらがなについてトランプの位置を指示。⑤回答者は指示に従ってトランプの上に手を置く。⑥指示が終わったら回答者はアイマスクを外し，得られたトランプの「好きな○○」から「○○好きそう」「○○っぽい」などの根拠を説明し，だれのことかを当てる。

人間関係を深めるポイント：目隠し状態で友達の指示を信じて動くことにより，信頼感を高める。

展開上のコツ：グループの興味関心に合わせてお題を変えるとよい。

他学年・他教科へのアレンジ：通常学級でもお題を工夫して活用することができる。

保護者会

仲よく考えよう！

合田　実

○×カード

■ 活動のねらい

ねらい　教師と保護者，保護者と保護者，お互いの信頼関係の土台づくりをする。

人間関係力　同じクラスの保護者同士がお互いを知り合うことで，子育て情報の交換等，助け合いがしやすい関係づくりをする。

■ 100円グッズを使うよさ

　本グッズと同じ物を作成するときにかかる手間と時間とコストを，低コストで省くことができる。

■ 協力を高めるポイント

　この活動をきっかけに子どもたちを支える保護者同士が情報交換・相談がしやすくなるように，仲よくなってほしいことを伝える。自分の意見を伝え，それ以上に，人の意見をよく聞くようにして欲しいことを伝える。

■ 準備物　　コスト：合計420円（○×カード×4）

・1人に○×カード1枚（全40人）。　その他：個別の名札（その場で書いてもよい），掲示物（ねらい，質問項目）

	活動の内容（★教師の言葉かけ）	留意点
導入 5分	(1) ねらいをつかむ。 ★今日は，子どもたちを支える私と皆さん，皆さん同士が仲よくなれるような演習をします。 (2) 「自己紹介ジャンケン（3分間）」をする。 ★2人組で握手をし，ジャンケンをしてお互い自己紹介をしましょう。たくさんの人としてください。	・なぜこの活動を行うのか理由をはっきりさせる。 ・面識のない人とも進んでジャンケンするように声をかける。
展開 30分	(3) 「教えて先生！」をする。 ★掲示物にあることから選んで，私に質問してください。○×を示して答えます（3分程度）。あとでフリー質問タイム（2分程度）を設けます。 (4) 「教えて！インタビュー」をする。 ★近くの方とペアになって，いまと同じように質問してください（3分程度）。○×で答えられないことは逆さにして棒の部分を上げましょう。相手の○×は覚えておいてください。質問タイムはありません。 (5) 「他己紹介」「教えて！インタビュー」をする。 ★2人組を崩さず4人組をつくります。そのグループで，さきほどインタビューした内容をもとに相手の方を紹介し合ってください。今度はフリー質問タイムを設けますので，回答をよく覚えておいてくださいね（フリータイム合わせて10分程度）。	・掲示物で，質問内容を示しておく。 ・フリー質問は答えられないこともあることを伝えておく。 ・面識の少ない人と組むと，今日のめあてが達成できることを知らせる。 ・4人組になったら，○×カードは原則使わないが，答えづらいことなどはノーコメントもよいことを伝える。
まとめ 10分	(6) 活動を振り返る。 ★今日の活動についての感想を1人ひと言ずつ言って，グループで話し合ってください。 (7) 各グループの感想を聞き合う。 ★グループの話し合いの内容や雰囲気を，どなたでもよいので教えてください。	・あまり知らない者同士でどうだったかなども話題にする。 ・意欲的な意見を取り上げ，まとめの話とする。

★他己紹介

(吹き出し)
私もバスケやってました
学生時代にバスケットのキャプテンだったそうです

活動場所：教室
活動単位：1グループ4人程度
手順とルール：①自己紹介ジャンケン：ジャンケンをして負けた人が自己紹介する。次に勝った人も自己紹介する。②教えて！先生：答えやすい質問を選んで掲示しておく。活動前に，自己開示の大切さを簡単に話しておく。教師が進んで自己開示をしていく姿勢を示す。③教えて！インタビュー：掲示物の項目を参考に質問し合う。答えにくいことは無理をさせない。④他己紹介：初めに紹介の例を示し，相手を考えた言い方で，ていねいに紹介するように伝える。

人間関係を深めるポイント：話し合う際，相手の話をよく聞き，否定語を使わない会話をしていくと，お互い話しやすくなり，考えがよりわかるようになることを伝える。

展開上のコツ：話し合いがスムーズにいかないときは，介入して，ジャンケンで順番を決めたり，聞いてみたいことを話したりして進めてよいことを伝える。

保護者の様子

初めはいつもと違う懇談会にとまどった様子だった。自己紹介ジャンケン（握手）が終わると雰囲気が和らいだ。演習を進めるごとにぎこちなさがなくなっていった。他己紹介は相手のことをよく見ていて，上手に紹介することができる方が多かった。グループでの話し合いは，静かになってしまうところもあり，教師が介入して進行をした。グループごとの感想は，先陣を切って話してくれた方がすばらしく，その後も意欲的な意見が続き，よいシェアリングができた。

実践を振り返って

自己紹介ジャンケンは，2分を過ぎると次の相手が見つけられなくなる保護者が出てくる。参加人数に応じて，時間を調節したほうがよい。教えて！インタビューの4人組では，司会・発表等の役割を初めに決めておけば，もっとスムーズに進んだであろう。転入生の保護者が「不安だったが，仲よくなれてとてもよかった」と感想をもてたのはうれしかった。

今後の発展と留意点

1年生の初めての保護者会，学級の多い学年の学級がえ後の保護者会等に使える。持ち上がり学年でも，転入生が多い場合などは実践可能であろう。保護者会はこれだけで終わらせず，その後，演習に関連させながらわかりやすく学級経営方針を説明すると，教師への信頼度が増す。エンカウンターを活用した学級経営をしたい場合は，授業参観に同じ演習を実施すると，保護者会での学級経営方針説明を理解してもらいやすい。

他学年・他教科へのアレンジ

○×カードを子どもたちに渡して，「いま説明した内容が，よくわかった人は○，いまひとつわからない人は×をあげてください」と使うと，教科学習すべてに活用できる。学級会の多数決，賛成，反対の意思表示，討論の授業での意思表示に使うこともできる。

※参考：國分康孝監修『エンカウンターで学級が変わる 小学校編 Part 3』図書文化，1999年

ミニアイデア② 適応指導で活用する

紙コップトーキング

髙井健太郎

■ 100円グッズを使うよさ

45個で105円と安価。たくさん積み上げても崩れにくく，数えやすい。積み重ねるとお題が完全に隠れ，見えなくなるので，どんな問題があたるか，子どもの興味をひくことができる。

■ 準備物　　コスト：1グループ210円（紙コップ×1＋サイコロ×1）

1グループに紙コップ30個，サイコロ1個。事前に教師がパソコン等でお題シールを作って，紙コップの裏に貼っておく。

■ 活動の進め方

活動場所：教室
活動単位：1グループ5～7人
手順とルール：①グループになる。中央に紙コップを積む。②順にサイコロを振り，出た目の数だけ積んである紙コップを外す。③1番上の紙コップのお題に従って行動する。④紙コップがなくなったら，積み直して続ける。
お題：「好きな（嫌いな）○○の話」「得意なこと」「将来の夢」等の抵抗感の少ない話題を話すものや，「誕生日順に席がえをする」「隣の人と3回戦でじゃんけんをする」等の動的なもの。
人間関係を深めるポイント：お互いに話の聴き方のルールを確認し，話しやすい雰囲気をつくっておく。
展開上のコツ：話者以外に"話を広げる"役といった役割を順番に回すようにすると，話すこと・聴くことのよりよい姿勢が身につく。
他教科へのアレンジ：お題を変え，部活動の雨天時の室内練習の際に，「腹筋○回」「○○先生（顧問）のよいところを言う」などの活動も可能である。

◆グッズさくいん

あ

アイマスク（1つ）　118
アクリル製容器（1個）　114
麻ひも（100m）　82
犬のガム（大：1本，中：2本，小：3本）　56
S字フック（12～14個）　36
お弁当カップ（36～45枚）　82，114
お店屋さんシール（1組）　106

か

紙コップ（大：15個，小：45個）　40，82，116，124
紙皿（26枚）　40，42，82
カラー輪ゴム（465本）　54
クリアポケット（カードサイズ：50枚，B4：9枚，B6：32枚）　22，112
グルーガン（1個315円）　50

さ・た・な

サイコロ（1～6個）　124
磁石セット（1組）　44，48
自転車荷台ロープ（1本）　72
ジャンボストロー（80本）　114
頭脳活性ドリル（1冊）　104
スリッパ（1足）　100
世界地図＆国旗シールセット（1組）　30
竹のランチョンマット（1枚）　60
多目的ネット（1枚）　98

は

パイプ耐寒保護カバー（1本）　72
ハンドパペット（1体210円）　76
ひらがなトランプ（1組54枚）　22，26，28，118
平ゴム（10m）　54
ピンポン球（6個）　92
プラチェーン（16個）　102
ボール（1個）　68，96
ポリ袋（46枚）　60

ま・ら・わ

○×カード（10枚）　120
ミニコーン（3個）　68
ミルクパン（1個）　64
木製ピンチ（40個）　82
ラッピングタイ（300本）　110
レジャーシート（1枚）　96
ワンタッチライト（1個）　26

※カッコ内は100円分の封入数（目安）

◆編　著
土田　雄一　つちだ・ゆういち
千葉大学教育学部附属教育実践総合センター准教授。
1957年秋田県大館市生まれ。千葉大学大学院教育学研究科修了。専門は教育相談，道徳教育。千葉県市原市公立小学校を振り出しに，1987年には南アフリカ共和国ヨハネスブルグ日本人学校へ。千葉県長期研修生（道徳）。市原市教育センター，千葉県子どもと親のサポートセンターを経て，現職。上級教育カウンセラー。著書に，『100円グッズで学級づくり』『こころを育てる創作トランプ』（編著）図書文化，『クラスの荒れを防ぐカウンセリング』（共編著）ぎょうせい，『エンカウンターで道徳　小学校高学年編』（共編著）明治図書，ほか多数。

◆分担執筆（50音順，2008年4月現在）

川添　幹貴	かわぞえ・みきたか	市原市立若宮小学校教諭
合田　実	ごうだ・まこと	千葉市立花園小学校教諭
佐藤　美雪	さとう・みゆき	千葉大学教育学部生
座間　伸江	ざま・のぶえ	松戸市立柿ノ木台小学校教諭
重　歩美	しげ・あゆみ	東京学芸大学大学院連合学校教育学研究科院生
髙井健太郎	たかい・けんたろう	千葉大学大学院教育学研究科院生
生井　久恵	なまい・ひさえ	松戸市立柿ノ木台小学校教諭
古重　奈央	ふるしげ・なお	千葉大学教育学部附属小学校教諭
松田　憲子	まつだ・のりこ	習志野市立大久保東小学校教諭
本島亜矢子	もとじま・あやこ	佐倉市立臼井西中学校養護教諭
森　美香	もり・みか	千葉大学教育学部附属小学校教諭
森岡　里佳	もりおか・りか	市原市立水の江小学校教諭
山本　明子	やまもと・あきこ	市原市立光風台小学校教諭
吉田　英明	よしだ・ひであき	千葉市立都小学校教諭

かかわる＆学ぶ！
100円グッズで授業づくり　小学校

2008年6月20日　初版第1刷発行［検印省略］

編　著	ⓒ土田雄一	
発 行 人	村主典英	
発 行 所	株式会社　図書文化社	
	〒112-0012　東京都文京区大塚3-2-1	
	TEL. 03-3943-2511　FAX. 03-3943-2519	
	振替　00160-7-67697	
	http://www.toshobunka.co.jp/	
Ｄ Ｔ Ｐ	松澤印刷株式会社	
イラスト	梅本昇	
装　　幀	牛尾英則	
印 刷 所	株式会社厚徳社	
製 本 所	合資会社村上製本所	

Ⓡ本書の全部または一部を無断で複写複製（コピー）することは，著作権法上での例外を除き，禁じられています。本書からの複写を希望される場合は，日本複写権センター（03-3401-2382）にご連絡下さい。

ISBN978-4-8100-8514-3 C3337
乱丁・落丁本の場合はお取り替えいたします。
定価はカバーに表示してあります。

身近なグッズで教材開発　子どもたちのこころを育てる協力ゲーム

100円グッズで学級づくり
人間関係力を育てるゲーム50

土田 雄一　編著
Ａ５判／120ページ
定価 1,470 円（本体 1,400 円）

道具1つで，こんなにゲームが楽しくなる！

人間関係力は，遊び（ゲーム）を通して身につく。廉価で教育活動に役立つグッズを取り入れることで，ゲームの幅が広がる。

教員の教材開発意欲を刺激し，子どもたちの創造性をも高める**50**のゲームを紹介。

● **本書で紹介するグッズとゲーム**
キッチンタイマー：絶対時感リレー
アイマスク：トラストヒットリレー／トラストアート／いまの私，どんな顔してる？
カラーコーン（小）：両手でキャッチ
メガホン（大）：スーパーモデルリレー／新・聖徳太子ゲーム／メガホン野球
ハンドベル：サウンドナビ
○×カード：自己紹介○×クイズ　……など

● **100円グッズ活用の発想法** （本文より）

そのまま生かす 　素材を生かす 　形状を生かす

加える 　代用する 　ひとひねりする

使い方　サウンドナビ

活動場所：体育館
準備物：アイマスク・音の違うハンドベル（ペア各1），カラーコーンなど障害物（必要数）
ねらい：聴覚をとぎすませ，相手の誘導によって行動し目的を達成

障害物をよけてコースを1周する。声を出したり互いに触れたりしてはいけない。役割を交換して行い，終わったら感想を話し合う。
協力を高めるポイント：案内役は前を歩くとよい。事前に練習をし

結合・組み合わせる

〒112-0012 東京都文京区大塚3-2-1　**図書文化**　TEL03-3943-2511　FAX03-3943-2519
http://www.toshobunka.co.jp/